国家社会科学基金（教育学）重大项目（VDA200004）阶段性研究成果
北京外国语大学"双一流"建设标志性项目（BW202018）阶段性研究成果

"一带一路"国家文化教育大系　　总主编　王定华

马耳他
文化教育研究

Repubblika ta' Malta
Kultura u Edukazzjoni

姚斌 著

外语教学与研究出版社
FOREIGN LANGUAGE TEACHING AND RESEARCH PRESS
北京 BEIJING

图书在版编目（CIP）数据

马耳他文化教育研究 / 姚斌著. —— 北京：外语教学与研究出版社，2023.6（2023.10 重印）
（"一带一路"国家文化教育大系 / 王定华总主编）
ISBN 978-7-5213-4623-7

Ⅰ. ①马… Ⅱ. ①姚… Ⅲ. ①教育研究－马耳他 Ⅳ. ①G554.9

中国国家版本馆 CIP 数据核字 (2023) 第 122990 号

出 版 人	王　芳
项目负责	孙凤兰　巢小倩
责任编辑	巢小倩
责任校对	王　菲
封面设计	李　高　锋尚设计
版式设计	李　高
出版发行	外语教学与研究出版社
社　　址	北京市西三环北路 19 号（100089）
网　　址	https://www.fltrp.com
印　　刷	北京盛通印刷股份有限公司
开　　本	787×1092　1/16
印　　张	15　彩插 1 印张
版　　次	2023 年 8 月第 1 版 2023 年 10 月第 2 次印刷
书　　号	ISBN 978-7-5213-4623-7
定　　价	128.00 元

如有图书采购需求，图书内容或印刷装订等问题，侵权、盗版书籍等线索，请拨打以下电话或关注官方服务号：
客服电话：400 898 7008
官方服务号：微信搜索并关注公众号"外研社官方服务号"
外研社购书网址：https://fltrp.tmall.com

物料号：346230001

"一带一路"国家文化教育大系编写委员会

顾　问：顾明远　　马克垚　　胡文仲

总主编：王定华

委　员（按姓氏音序排列）：

常福良　　戴桂菊　　郭小凌　　金利民　　柯　静　　李洪峰
刘宝存　　刘　捷　　刘生全　　刘欣路　　钱乘旦　　秦惠民
苏莹莹　　陶家俊　　王　芳　　谢维和　　徐　辉　　徐建中
杨慧林　　张民选　　赵　刚

"一带一路"国家文化教育大系编审委员会

主　任：王　芳

副主任：徐建中　　刘　捷

秘书长：孙凤兰

委　员（按姓氏音序排列）：

蔡　喆　　柴方圆　　巢小倩　　杜晓沫　　华宝宁　　焦缨添
刘相东　　刘真福　　马庆洲　　彭立帆　　石筠弢　　孙　慧
万作芳　　王名扬　　杨鲁新　　姚希瑞　　苑大勇　　张小玉
赵　雪　　祝　军

戈佐岛

"蓝窗"

塔平努圣母教堂

"大力水手"村

瓦莱塔街景

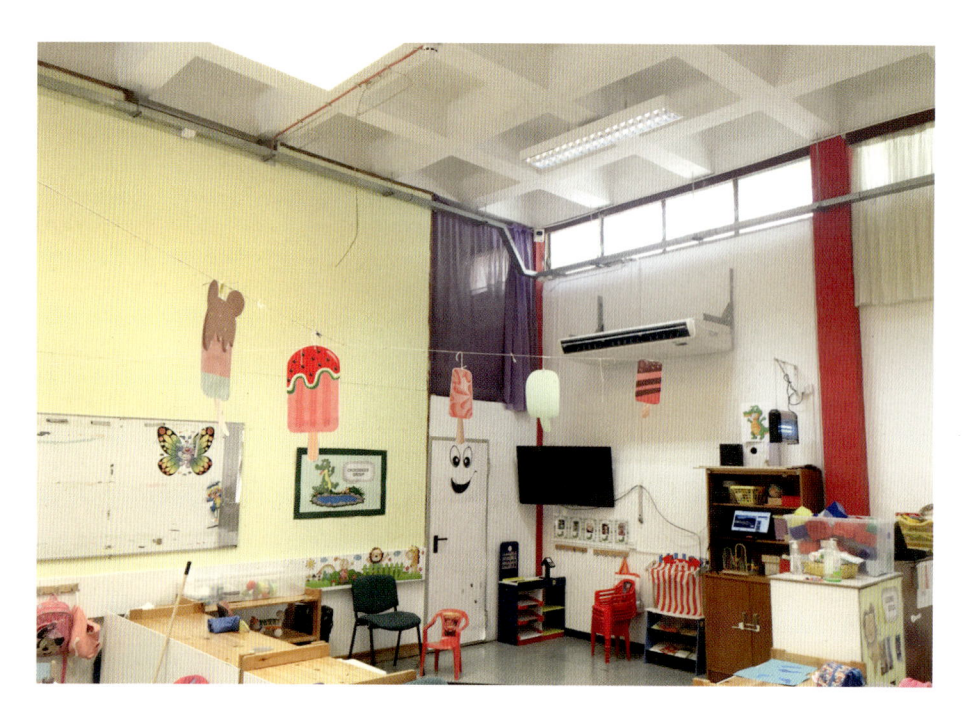

马耳他大学伊塔吉拉幼儿园

圣马丁学院中小学部

马耳他旅游学院

马耳他大学校门

马耳他大学校园景色

马耳他大学孔子学院

马耳他中国文化中心开幕活动

马耳他前总统奎多·德马科访华

马耳他语版《论语》亮相马耳他图书节

中国与马耳他建交50周年纪念仪式

马耳他举办第四届"中国风筝节"

马耳他学生参加"中国文化节"活动

中国"欢乐春节"活动走进马耳他商场

中国国家主席习近平复信令马耳他中学师生深受鼓舞

出版说明

2013年9月7日，国家主席习近平提出共建"丝绸之路经济带"重大倡议。2013年10月3日，习近平主席提出共建"21世纪海上丝绸之路"重大倡议。两者合称"一带一路"倡议。以2013年金秋为起点，"一带一路"倡议作为构建人类命运共同体的伟大设想，在开拓和平、繁荣、开放、绿色、创新、文明之路的非凡征程中，孕育生机和活力，汇聚信心和期待，在世界范围内广受欢迎和响应。

文化交流、文明互鉴是构建人类命运共同体的人文基础。文化发展，教育先行。作为"共和国外交官的摇篮"、文化教育的主动践行者、"一带一路"倡议的踊跃响应者和构建人类命运共同体的积极参与者，北京外国语大学在党委书记王定华教授的带领下，放眼世界，找准坐标，勇于担当，主动作为，深耕文化教育相关领域，研究、策划并组织编写了"一带一路"国家文化教育大系（以下简称大系）。国内相关高校和研究机构的众多专家学者献计献策，踊跃参加，形成了一个范围广泛、交流互动、共同进步的"一带一路"国家文化教育学术研究共同体。大系旨在填补国内相关研究领域的学术空白，实现"一带一路"国家教育研究全覆盖，为中国教育"走出去"和相关国家先进教育理念"请进来"提供科学理论和实践指导，具有重要的学术价值。同时，大系服务国家重大战略，通过分期分批出版，形成规模和品牌，向中国共产党建党一百周年和"一带一路"倡议提出十周年献礼，具有深远的意义。

作为国家社会科学基金（教育学）重大项目"新时代提升中国参与全球教育治理的能力及策略研究"、北京外国语大学"双一流"建设标志性项目"'一带一路'国家文化教育研究"的课题研究成果和北京外国语大学党委的"奋进之举"，大系秉承学术性与可读性兼顾的原则，对"一带一路"国家文化教育理论与实践问题展开深入研究，从国情概览、文化传统、教育历史、学前教育、基础教育、高等教育、职业教育、成人教育、教师教育、教育政策、教育行政、教育交流等方面，全景擘画"一带一路"国家的教育风貌，帮助读者了解"一带一路"国家教育的历史与现状、经验与特点，为我国教育的发展和对外交流合作提供有益的借鉴、思考与启迪。

肆虐全球的新冠肺炎疫情严重影响了各国人民的生产生活，带来了二战以来人类面临的最严重的全球性危机，同时也再次阐述了人类命运共同体深刻内涵的世界性意义。在疫情防控常态化背景下，大系所有专家学者不畏困难，齐心协力，直面挑战，守望相助，化危为机，切实履行了响应和支持"一带一路"倡议的承诺。在此，特别感谢大系总策划、总主编王定华教授，以及所有顾问、编委和作者的心血倾注、智慧贡献和努力付出。

外语教学与研究出版社对大系的编写和出版工作给予了高度重视。自2019年项目启动以来，外研社抽调精锐力量成立大系工作组，多次组织相关部门和人员召开选题论证会，商建编委会，召开全体作者大会，制订周密、科学的出版计划，以保证项目的顺利开展和图书的优质出版。目前，大系的出版工作已取得阶段性成果，预计在2023年"一带一路"倡议提出十周年前后，将分期分批推出数量和规模可观的、具有相当科研价值和学术价值的系列专著。期望大系的编写和出版能为"一带一路"建设、中外教育交流及我国文化教育发展发挥基础性、服务性、广远性的作用。

外语教学与研究出版社
2021年4月

总　序

王定华

改革开放以来，中国各项事业取得了巨大成就。中国经济和世界经济高度关联，中国一以贯之地坚持对外开放的基本国策，构建全方位开放新格局，深度融入世界经济体系。2013年9月和10月，习近平主席在出访中亚和东南亚国家期间，先后提出共建"丝绸之路经济带"和"21世纪海上丝绸之路"的重大倡议（以下简称"一带一路"倡议），得到国际社会的高度关注。其中，"丝绸之路经济带"东边牵着亚太经济圈，西边系着发达的欧洲经济圈，是世界上最长、最具发展潜力的经济大走廊；"21世纪海上丝绸之路"串起连通东盟、南亚、西亚、北非、欧洲等各大经济板块的市场链，发展面向南海、太平洋和印度洋的战略合作经济带，以亚欧非经济贸易一体化为发展的长期目标。

一、精准把握"一带一路"倡议的时代意蕴

"经济带"概念是对地区经济合作模式的创新。其中经济走廊涵盖中蒙

俄经济走廊、新亚欧大陆桥、中国-中亚-西亚经济走廊、孟中印缅经济走廊、中国-中南半岛经济走廊等，以经济增长极辐射周边，超越了传统发展经济学理论。"丝绸之路经济带"概念不同于历史上所出现的各类"经济区"与"经济联盟"，同后两者相比，经济带具有灵活性高、适用性广以及可操作性强的特点，各国都是平等的参与者，本着自愿参与、协同推进的原则，发扬古丝绸之路兼容并包的精神。

"一带一路"倡议是我国在新时代推进全方位对外开放的重要举措，为当今世界提供了一个充满东方智慧、实现共同发展的中国方案，也是对历史文化传统的高度尊重，凝聚了世界各国利益的最大公约数。丝绸之路是起始于古代中国，连接亚洲、非洲和欧洲的古代陆上商业贸易路线，最初的作用是运输古代中国出产的丝绸、瓷器等商品，后来成为东方与西方之间在经济、政治、文化等方面进行交流的主要通道。1877 年，德国地质、地理学家李希霍芬（F. P. W. Richthofen）在其著作《中国》一书中，把公元前 114 年至公元 127 年，中国与中亚、中国与印度间以丝绸贸易为媒介的这条西域交通道路命名为"丝绸之路"，这一名词很快为学术界和大众所接受，并正式运用。其后，德国历史学家赫尔曼（A. Herrmann）在 20 世纪初出版的《中国与叙利亚之间的古代丝绸之路》一书中，根据新发现的文物考古资料，进一步把丝绸之路延伸到地中海西岸和小亚细亚，并确定了丝绸之路的基本内涵，即它是中国古代与中亚、南亚、西亚以及欧洲、北非的陆上贸易交往通道。进入 21 世纪，海上丝绸之路也被纳入丝绸之路的涵盖范围，即从中国沿海港口过南海到印度洋并延伸至欧洲，从中国沿海港口过南海到南太平洋。随着时代的发展，"丝绸之路"成为古代中国与西方所有政治经济文化往来通道的统称。

推进"一带一路"建设既是中国扩大和深化对外开放的需要，也是加强和世界各国互利合作的需要，中国愿意承担更多责任和义务，为人类和平发展做出更大的贡献。文明交流互鉴是构建人类命运共同体的重要途径，是推动人类文明共同进步、实现世界和平发展的重要动力。共建"一带一路"要顺应世界多极化、经济全球化、文化多样化、社会信息化的潮流，秉持开放的区域合作精神，致力于推动"一带一路"各国实现经济政策协调，开展更大范围、更高水平、更深层次的区域合作，共同打造开放、包容、均衡、普惠的区域经济合作架构，维护全球自由贸易体系和开放型世界经济格局。

"一带一路"贯穿亚欧非大陆，一头是活跃的东亚经济圈，一头是发达的欧洲经济圈，中间广大腹地国家经济发展潜力巨大。根据"一带一路"走向，陆上依托国际大通道，以中心城市为支撑，以重点经贸产业园区为合作平台，共同打造新亚欧大陆桥以及中蒙俄、中国-中亚-西亚、中国-中南半岛等国际经济合作走廊；海上以重点港口为基点，共同建设通畅安全高效的运输大通道。

"一带一路"建设是有关国家开放合作的宏大经济愿景，需要各国携手努力，朝着互利互惠、共同安全的目标相向而行：努力实现区域基础设施更加完善，安全高效的陆海空通道网络基本形成，互联互通达到新水平；投资贸易便利化水平进一步提升，高标准自由贸易区网络基本形成，经济联系更加紧密，政治互信更加深入；人文交流更加广泛深入，不同文明互鉴共荣，各国人民相知相交、和平友好。

"一带一路"倡议是具有开放性和包容性的友好建议。当今世界是一个开放的世界，开放带来进步，封闭导致落后。中国认为，只有开放才能发现机遇、抓住并用好机遇、主动创造机遇，才能实现国家的奋斗目标。"一带一路"倡议就是要把世界的机遇转变为中国的机遇，把中国的机遇转变为世界的机遇。正是基于这种认知与愿景，"一带一路"倡议以开放为导向，冀望通过加强交通、能源和网络等基础设施的互联互通建设，促进经济要素有序自由流动、资源高效配置和市场深度融合，开展更大范围、更高水平、更深层次的区域合作，打造开放、包容、均衡、普惠的区域经济合作架构，以此来解决经济增长和平衡问题。"一带一路"倡议的开放包容性是区别于其他区域性经济倡议的一个突出特点。

"一带一路"倡议是超越地缘政治的务实合作的广阔平台。"和平合作、开放包容、互学互鉴、互利共赢"的丝路精神是人类共有的历史财富，"一带一路"倡议就是秉承这一精神与原则提出的新时代重要倡议，通过加强相关国家间的全方位多层面交流合作，充分发掘与发挥各国的发展潜力与比较优势，形成互利共赢的区域利益共同体、命运共同体和责任共同体。在这一机制中，各国是平等的参与者、贡献者、受益者。因此，"一带一路"倡议从一开始就具有平等性、和平性特征。平等是中国坚持的重要国际准则，也是"一带一路"建设的关键基础。只有建立在平等基础上的合作才能是持久的合作，也才会是互利的合作。"一带一路"倡议平等包容的合作特征为其推进减轻了阻力，提升了共建效率，有助于国际合作真正"落地生根"。同时，"一带一路"建设离不开和平安宁的国际环境和地区环境，和平是"一带一路"建设的本质属性，也是保障其顺利推进所不可或缺的重要因素。这些就决定了"一带一路"倡议不应该也不可能沦为大国政治较量的工具，更不会重复地缘博弈的老路。

"一带一路"倡议是政府、企业、团体共同发力的项目载体。"一带一路"建设是在双边或多边联动基础上通过具体项目加以推进的，是在进行充分政策沟通、战略对接以及市场运作后形成的发展倡议与规划。2017年5月发布的《"一带一路"国际合作高峰论坛圆桌峰会联合公报》强调了建设"一带一路"的合作原则，其中就包括市场运作原则，即充分认识市场作用和企业主体地位，确保政府发挥适当作用，政府采购程序应开放、透明、非歧视。可见，"一带一路"建设的核心主体与支撑力量并不是政府，而是企业，根本方法是遵循市场规律，并通过市场化运作模式来实现参与各方的利益诉求，政府在其中发挥构建平台、创立机制、政策引导等指向性、服务性功能。

"一带一路"倡议是与现有相关机制对接互补的有益渠道。参与"一带一路"建设的国家要素禀赋各异，比较优势差异明显，互补性很强。有的国家能源资源富集但开发力度不够，有的国家劳动力充裕但就业岗位不足，有的国家市场空间广阔但产业基础薄弱，有的国家基础设施建设需求旺盛但资金紧缺。我国目前经济总量居全球第二，外汇储备居全球第一，优势产业越来越多，基础设施建设经验丰富，装备制造能力强、质量好、性价比高，具备资金、技术、人才、管理等综合优势。这就为我国与其他"一带一路"建设参与方实现产业对接与优势互补提供了现实可能与重大机遇。因而，"一带一路"倡议的核心内容就是要加强基础设施建设和促进互联互通，对接各国政策和发展战略，以便深化务实合作，促进协调联动发展，实现共同繁荣。由此可见，"一带一路"倡议不是对现有地区合作机制的替代，而是与现有机制互为助力、相互补充。实际上，"一带一路"建设已经与俄罗斯主导的欧亚经济联盟、印尼全球海洋支点发展规划、哈萨克斯坦光明之路经济发展战略、蒙古国草原之路倡议、欧盟欧洲投资计划、埃及苏伊士运河走廊开发计划等实现了对接与合作，并形成了一批标志性项目，如中哈（连云港）物流合作基地。作为新亚欧大陆桥经济走廊建设成果之一，中哈（连云港）物流合作基地初步实现了深水大港、远洋干线、中欧班列、物流场站的无缝对接。该项目与哈萨克斯坦光明之路经济发展战略高度契合。

"一带一路"倡议是促进人文交流的沟通桥梁。"一带一路"倡议跨越不同区域、不同文化、不同宗教信仰，但它带来的不是文明冲突，而是各文明间的交流互鉴。"一带一路"倡议在推进基础设施建设、加强产能合作与发展战略对接的同时，也将"民心相通"作为工作重心之一。民心相通是"一带一路"建设的社会根基。民心相通就是要传承和弘扬丝绸之路友好合作精神，广泛进行文化交流、学术交流、人才交流往来、媒体合作、青年和妇女交往、志愿者服务等，为深化双边和多边合作奠定坚实的民意基础。一是扩大相互间留学生规模，开展合作办学；国家间互办文化年、艺术节、电影节、电视周和图书展等活动，深化国家间人才交流合作。二是加强旅游合作，扩大旅游规模，联合打造具有丝绸之路特色的国际精品旅游线路和旅游产品。三是强化与周边国家在传染病疫情信息沟通、防治技术交流、专业人才培养等方面的合作，提高合作处理突发公共卫生事件的能力。四是加强科技合作，共建联合实验室（研究中心）、国际技术转移中心、海上合作中心，促进科技人员交流，合作开展重大科技攻关，共同提升科技创新能力。五是整合现有资源，开拓和推进参与国家在青年就业、创业培训、职业技能开发、社会保障管理服务、公共行政管理等共同关心领域的务实合作。六是充分发挥政党、议会交往的桥梁作用，加强国家之间立法机构、主要党派和政治组织的友好往来，互结友好城市。七是加强各国民间组织的交流合作，重点面向基层民众，广泛开展教育、医疗、减贫开发、生物多样性和生态环保等主题的各类公益慈善活动，改善贫困地区生产生活条件；加强文化传媒领域的国际交流合作，积极利用网络平台，运用新媒体工具，塑造和谐友好的文化生态和舆论环境；通过强化民心相通，弘扬丝绸之路精神，开展智力丝绸之路、健康丝绸之路等建设，在科学、教育、文化、卫生、民间交往等领域广泛合作，使"一带一路"建设的民意基础更为坚实，社会根基更加牢固。"一带一路"建设就是要以文明交流超越文明隔阂，以文明互鉴超越文明冲突，以文明共存超越文明优越，为相关国家人民加强交流、增进理解搭起新的桥梁，为不同文化和文明加强对话、交流互鉴织就新的纽带，推动各国相互理解、相互尊重、相互信任。

"一带一路"是促进共同发展、实现共同繁荣的友谊之路。共建"一带一路"旨在促进各国发展战略的对接和耦合，有利于发掘区域市场的潜力，推动经济要素有序自由流动、资源高效配置和市场深度融合，促进投资和消费，创造需求和就业，增进各国人民的人文交流与文明互鉴，从而让各国人民相逢相知、互信互敬，共享和谐、安宁、富裕的生活。共建"一带一路"符合国际社会的根本利益，彰显了人类社会的共同理想和美好追求，是国际合作及全球治理新模式的积极探索，将为世界和平发展增添新的正能量。中国政府倡议秉持和平合作、开放包容、互学互鉴、互利共赢的理念，全方位推进务实合作，打造政治互信、经济融合、文化包容的利益共同体、命运共同体和责任共同体。

"一带一路"倡议已经得到世界上众多国家和地区的积极响应，成为维护全球自由贸易体系和开放型世界经济的重要支撑。截至2021年1月30日，中国已经同171个国家和国际组织签署205份共建"一带一路"合作文件。[1] 特别是2017年5月第一届"一带一路"国际合作高峰论坛、2019年4月第二届"一带一路"国际合作高峰论坛和2019年5月亚洲文明对话大会的成功举办，充分彰显了我国开放、包容的大国外交风范。在此背景下，我们一方面应致力于向世界介绍中国，推动中国文化"走出去"，讲好中国故事；另一方面也应加强对"一带一路"国家的历史、文化、语言、教育、艺术等方面的介绍和研究，让中国人民更多地了解"一带一路"国家的具体国情，特别是文化传统和教育体系。

"一带一路"倡议合作范围不断扩大，合作领域愈加广阔。它不仅给参与各方带来了实实在在的合作红利，也为世界贡献了应对挑战、创造机遇、强化信心的智慧与力量。

当今世界，新冠肺炎疫情带来诸多挑战，局部战争风险依然存在，经济增长动能不足，"逆全球化"思潮涌动，地区动荡持续，恐怖主义蔓延。和平赤字、发展赤字、治理赤字带来的严峻问题，已摆在全人类面前。这充分说明现有的全球治理体系面临结构性问题，亟须找到新的破解之策与应对方略。作为一个新兴大国，中国有能力、有意愿同时也有责任为完善全球治理体系贡献智慧与力量。面对新挑战、新问题、新情况，中国给出

---

[1] 中国一带一路网. 我国已签署共建"一带一路"合作文件205份[EB/OL]. （2021-01-30）[2021-02-23]. https://www.yidaiyilu.gov.cn/xwzx/gnxw/163241.htm.

的全球治理方案是：构建人类命运共同体，实现共赢共享。"一带一路"倡议正是朝着这个目标努力的具体实践。"一带一路"倡议强调各国的平等参与、包容普惠，主张携手应对世界经济面临的挑战，开创发展新机遇，谋求发展新动力，拓展发展新空间，共同朝着人类命运共同体方向迈进。正是本着这样的原则与理念，"一带一路"倡议针对各国发展的现实问题和治理体系的短板，创立了亚洲基础设施投资银行、丝路基金等新型国际机制，构建了多形式、多渠道的交流合作平台。这既能缓解当今全球治理机制代表性、有效性、及时性难以适应现实需求的困境，在一定程度上扭转公共产品供应不足的局面，提振国际社会参与全球治理的士气与信心，又能满足发展中国家尤其是新兴市场国家变革全球治理机制的现实要求，大大增强了新兴国家和发展中国家的话语权，是推进全球治理体系朝着更加公正合理方向发展的重大突破。

"一带一路"倡议涵盖了发展中国家与发达国家，实现了"南南合作"与"南北合作"的统一，有助于推动全球均衡可持续发展。"一带一路"建设以基础设施建设为着眼点，促进经济要素有序自由流动，推动中国与相关国家的宏观政策的对接与协调。对于参与"一带一路"建设的发展中国家来说，这是一次搭中国经济发展"快车""便车"，实现自身工业化、现代化的历史性机遇，有利于推动"南南合作"的广泛展开，同时也有助于增进"南北对话"，促进"南北合作"的深度发展。不仅如此，"一带一路"倡议的理念和方向同联合国《2030年可持续发展议程》也高度契合，完全能够加强对接，实现相互促进。联合国秘书长古特雷斯表示，"一带一路"倡议与《2030年可持续发展议程》都以可持续发展为目标，都试图提供机会、全球公共产品和双赢合作，都致力于深化国家和区域间的联系。

二、深入推动"一带一路"国家的教育交流

2020年6月印发的《教育部等八部门关于加快和扩大新时代教育对外开放的意见》指出,教育对外开放是教育现代化的鲜明特征和重要推动力,要以习近平新时代中国特色社会主义思想为指导,坚持教育对外开放不动摇,主动加强同世界各国的互鉴、互容、互通,形成更全方位、更宽领域、更多层次、更加主动的教育对外开放局面。

教育为国家富强、民族繁荣、人民幸福之本,在共建"一带一路"中具有基础性和先导性作用。教育交流为各国民心相通架设桥梁,人才培养为各国政策沟通、设施联通、贸易畅通、资金融通提供支撑。各国间教育交流源远流长,教育合作前景广阔,大家携手发展教育,合力共建"一带一路",是造福各国人民的伟大事业。推进"一带一路"国家教育共同繁荣,既是加强与各国教育互利合作的需要,也是推进中国教育改革发展的需要,中国愿意在力所能及的范围内承担更多责任和义务,为区域教育大发展做出更大的贡献。

(一)教育合作的原则

"一带一路"国家教育合作应遵循四个重要原则。

一是育人为本,人文先行。加强合作育人,提高区域人口素质,为共建"一带一路"提供人才支撑。坚持人文交流先行,建立区域人文交流机制,搭建民心相通桥梁。

二是政府引导,民间主体。政府加强沟通协调,整合多种资源,引导教育融合发展。发挥学校、企业及其他社会力量的主体作用,活跃教育合作局面,丰富教育交流内涵。

三是共商共建,开放合作。坚持共商、共建、共享,推进各国教育发

展规划相互衔接，实现各国教育融通发展、互动发展。

四是和谐包容，互利共赢。加强不同文明之间的对话，寻求教育发展最佳契合点和教育合作最大公约数，促进各国在教育领域互利互惠。

（二）教育合作的重点

"一带一路"各国教育特色鲜明、资源丰富、互补性强、合作空间巨大。中国将以基础性、支撑性、引领性三方面举措为建议框架，开展三方面重点合作，对接各国意愿，互鉴先进教育经验，共享优质教育资源，全面推动各国教育提速发展。

1. 开展教育互联互通合作

一是加强教育政策沟通。开展"一带一路"国家教育法律、政策协同研究，构建各国教育政策信息交流通报机制，为各国政府推进教育政策互通提供决策建议，为各国学校和社会力量开展教育合作交流提供政策咨询。积极签署双边、多边和次区域教育合作框架协议，制定各国教育合作交流国际公约，逐步疏通教育合作交流政策性瓶颈，实现学分互认、学位互授联授，协力推进教育共同体建设。

二是助力教育合作渠道畅通。推进"一带一路"国家间签证便利化，扩大教育领域合作交流，形成往来频繁、合作众多、交流活跃、关系密切的携手发展局面。鼓励有合作基础、相同研究课题和发展目标的学校缔结姊妹关系，逐步深化和拓展教育合作交流。举办校长论坛，推进学校间开展多层次、多领域的务实合作。支持高等学校依托优势学科和专业，建立"产学研用"相结合的国际合作联合实验室（研究中心）、国际技术转移中心，共同应对各国在经济发展、资源利用、生态保护等方面面临的重大挑战与机遇。打造"一带一路"国家学术交流平台，吸引各国专家学者、青年学生开展研究和学术交流。推进"一带一路"国家优质教育资源共享。

三是促进语言互通。研究构建语言互通协调机制，共同开发语言互通开放课程，逐步将国家语言课程纳入各国的学校教育课程体系。拓展政府间语言学习交换项目，联合培养、相互培养高层次语言人才。发挥外国语院校人才培养优势，推进基础教育多语种师资队伍建设和外语教育教学工作。扩大语言学习国家公派留学人员规模，倡导各国与中国院校合作在华开办本国语言专业。支持更多社会力量助力孔子学院和孔子课堂建设，加强汉语教师和汉语教学志愿者队伍建设，全力满足不同国家的汉语学习需求。

四是推进民心相通。鼓励学者开展或合作开展中国课题研究，增进各国对中国发展模式、国家政策、教育文化等各方面的理解。建设国别和区域研究基地，与对象国合作开展经济、政治、教育、文化等领域研究。逐步将理解教育课程、丝路文化遗产保护纳入各国中小学教育课程体系，加强青少年对不同国家文化的理解。加强"丝绸之路"青少年交流，注重通过志愿服务、文化体验、体育竞赛、创新创业活动和新媒体社交等途径，增进不同国家青少年对其他国家文化的理解。

五是推动学历学位认证标准联通。推动落实联合国教科文组织《亚太地区承认高等教育资历公约》，支持联合国教科文组织建立世界范围学历互认机制，实现区域内双边、多边学历学位关联互认。呼吁各国完善教育质量保障体系和认证机制，加快推进本国教育资历框架开发，助力各国学习者在不同种类和不同阶段教育之间进行转换，促进终身学习社会的建设。共商、共建区域性职业教育资历框架，逐步实现就业市场的从业标准一体化。探索建立各国教师专业发展标准，促进教师流动。

2．开展人才培养培训合作

一是实施"丝绸之路"留学推进计划。设立"丝绸之路"中国政府奖学金，为各国专项培养行业领军人才和优秀技能人才。全面提升来华留学人才培养质量，把中国打造成为深受各国学子欢迎的留学目的地。以国家公派留学为引领，推动更多中国学生到"一带一路"其他国家留学。坚持"出国留学和来华留学并重、公费留学和自费留学并重、扩大规模和提高质量并重、依法管理和完善服务并重、人才培养和发挥作用并重"，完善全链条的留学人员管理服务体系，保障平安留学、健康留学、成功留学。

二是实施"丝绸之路"合作办学推进计划。有条件的中国高等学校开展境外办学要集中优势学科，选好合作契合点，做好前期论证工作，构建科学的人才培养模式、运行管理模式、服务当地模式、公共关系模式，使学校顺利落地生根、开花结果。发挥政府引领、行业主导作用，促进高等学校、职业院校与行业企业深度产教融合。鼓励中国优质职业教育配合高铁、电信运营等行业企业"走出去"，探索开展多种形式的境外合作办学，合作设立职业院校、培训中心，合作开发教学资源和项目，开展多层次职业教育和培训，培养当地急需的各类"一带一路"建设者。整合资源，积极推进与各国在青年就业培训等共同关心领域的务实合作。倡议国家之间开展高水平合作办学。

三是实施"丝绸之路"师资培训推进计划。开展"丝绸之路"教师培训，加强先进教育经验交流，提升区域教育质量。加强"丝绸之路"教师交流，推动各国校长交流访问、教师及管理人员交流研修，推进优质教育模式在各国的互学互鉴。大力推进各国优质教学仪器设备、教材课件和整体教学解决方案的输出，跟进教师培训工作，促进各国教育资源和教学水平均衡发展。

四是实施"丝绸之路"人才联合培养推进计划。推进国家间的研修访学活动。鼓励各国高等院校在语言、交通运输、建筑、医学、能源、环境工程、水利工程、生物科学、海洋科学、生态保护、文化遗产保护等国家发展急需的专业领域联合培养学生，推动联盟内或校际教育资源共享。

3．共建丝路合作机制

一是加强"丝绸之路"人文交流高层磋商。开展国家间的双边、多边人文交流高层磋商，商定"一带一路"教育合作交流总体布局，协调推动各国建立教育双边和多边合作机制、教育质量保障协作机制和跨境教育市场监管协作机制，统筹推进"一带一路"教育共同行动。

二是充分发挥国际合作平台作用。发挥上海合作组织、东亚峰会、亚太经合组织、亚欧会议、亚洲相互协作与信任措施会议、中阿合作论坛、东南亚教育部长组织、中非合作论坛、中巴经济走廊、孟中印缅经济走廊、中蒙俄经济走廊等现有双边、多边合作机制的作用，增加教育合作的新内涵。借助联合国教科文组织等国际组织力量，推动各国围绕实现世界教育发展目标形成协作机制。充分利用中国-东盟教育交流周、中日韩大学交流合作促进委员会、中阿大学校长论坛、中非高校20+20合作计划、中日大学校长论坛、中韩大学校长论坛、中俄综合性大学联盟等已有平台，开展务实的教育合作交流。支持在共同区域、有合作基础、具备相同专业背景的学校组建联盟，不断延展教育务实合作平台。

三是实施"丝绸之路"教育援助计划。发挥教育援助在"一带一路"教育共同行动中的重要作用，逐步加大教育援助力度，重点投资于人、援助于人、惠及于人。发挥教育援助在"南南合作"中的重要作用，加大对相关国家尤其是最不发达国家的支持力度。统筹利用国家、教育系统和民间资源，为相关国家培养培训教师、学者和各类技能人才。积极开展优质教学仪器设备、整体教学方案、配套师资培训一体化援助。加强中国教育培训中心和教育援外基地建设。倡议各国建立政府引导、社会参与的多元化经费筹措机制，通过国家资助、社会融资、民间捐赠等渠道，拓宽教育经费来源，做大教育援助格局，实现教育共同发展。

三、精心组织"一带一路"国家文化教育大系的编著出版

在编写"一带一路"国家文化教育大系过程中，应当全面了解国内外对"一带一路"倡议的响应情况，关注进展，总结做法；应当在新冠肺炎疫情得到控制后到对象国去走一走，看一看，实地感受其教育情况和发展变化；应当广泛收集对象国一手资料，认真阅读，消化分析，吐故纳新；应当多方检索专家学者已经开展的相关研究，虚心参阅已有的研究成果。肆虐全球的新冠肺炎疫情，给人类身体健康和生命安全带来了巨大威胁，对世界格局和世界治理体系产生了重大影响，给全球各行各业带来了巨大挑战。教育置身其间，影响十分明显。因而，对"一带一路"国家文化教育进行研究时，必须观察分析疫情对相关国家文化教育和全球教育治理的深刻影响。

"一带一路"倡议提出后，中外已形成多个"一带一路"多边大学联盟。2015年5月22日，由西安交通大学发起的新丝绸之路大学联盟成立，迄今已吸引38个国家和地区的150余所大学加盟。该联盟是海内外大学结成的非政府、非营利性的开放性、国际化高等教育合作平台，以"共建教育合作平台，推进区域开放发展"为主题，推动"新丝绸之路经济带"国家和地区大学之间在校际交流、人才培养、科研合作、文化沟通、政策研究、医疗服务等方面的交流与合作，增进青少年之间的了解和友谊，培养具有国际视野的高素质、复合型人才，服务"新丝绸之路经济带"及欧亚地区的发展建设。

2015年10月17日，丝绸之路（敦煌）国际文化博览会筹委会文化传承创新高端学术研讨会在敦煌举行。中国的复旦大学、北京师范大学、兰州大

学和俄罗斯乌拉尔国立经济大学、韩国釜庆大学等46所中外高校在甘肃敦煌成立了"一带一路"高校战略联盟，以探索跨国培养与跨境流动的人才培养新机制，培养具有国际视野的高素质人才。46所高校当日达成《敦煌共识》，联合建设"一带一路"高校国际联盟智库。联盟将共同打造"一带一路"高等教育共同体，推动"一带一路"国家和地区大学之间在教育、科技、文化等领域的全面交流与合作，服务"一带一路"国家和地区的经济社会发展。

2016年9月，中国、中亚及丝绸之路经济带沿线7个国家的51所高校共同发起成立了中国–中亚国家大学联盟，旨在打造开放性、国际化互动平台，深化"一带一路"科教合作。

此外，高等教育合作研讨会也日渐增多，既有官方推动形成的研讨会，也有民间自发举办的研讨会。比如，中外大学校长论坛、新加坡-中国-印度高等教育论坛、"一带一路"教育对话论坛，以及北京师范大学举办的"一带一路"国家教育交流与合作高端研讨会，北京外国语大学举办的"一带一路"与行业国际化人才培养高峰论坛，北京理工大学主办的"一带一路"高等教育研究国际会议，浙江大学举办的"一带一路"背景下的工程科技人才培养国际研讨会等。这些多边研讨会的召开，不仅吸引了大量"一带一路"沿线国家的教育研究者与实践者参会，推动了研究与实践合作，而且创新了教育合作模式，促进了国际化高端人才培养，为"一带一路"建设奠定了民意基础。

"一带一路"倡议提出之后，中国学术界迅速开展了关于"一带一路"的研究活动，有关"一带一路"主题的图书主要有以下五类。第一类是倡议解读类图书，一般是梳理"一带一路"倡议的提出、发展及其理论内涵与外延。第二类是经济贸易类图书，专业性较强，主要为理论研究型图书。第三类是国情文史类图书，多为介绍"一带一路"国家国情概览、历史情况、发展概况的工具书，语言平实，部分图书学术性较强。第四类是丝路历史类图书，一般回顾古代丝绸之路的形成与发展、丝绸之路上的人物和大事记等，追古溯源，以便更好地开启"一带一路"新篇章。第五类是法律税收类图书，多为法律指引、税务规范手册等。

可以看出，国内对"一带一路"国家的研究已有一定基础，但是囿于语言翻译的障碍，已经出版的"一带一路"图书，大多是政策解读、数据报告、概况介绍等，对对象国的研究广度和深度还很不够，尤其是针对"一带一路"国家文化教育的系统研究还比较少。

在"一带一路"国家中，遴选具有代表性的对象，对其文化、教育进行系统性的研究，并在此基础上编写"一带一路"国家文化教育大系，分期分批出版，对于帮助中国普通读者和研究人员了解"一带一路"国家的文化教育情况，以及对于拓展我国比较教育研究领域、丰富比较教育研究文献，乃至对于促进中外文明互通、更好地参与推进"一带一路"建设，都具有重要意义。基于对选题背景与意义、相关出版产品调研和北京外国语大学比较优势的分析，"一带一路"国家文化教育大系坚持学术性、可读性兼顾原则，分批次推出，不断积累，以形成规模和品牌。

大系在内容上，一方面呈现"一带一路"国家的文化概貌，展示"一带一路"国家教育发展的文化背景和社会依托。大系采用专题形式，力求用简洁平实的语言生动活泼地介绍"一带一路"国家的自然地理、人文景观、历史发展、风土人情、文化遗产等内容，重点呈现对象国独有的文化现象和独特风貌，集中揭示其民族文化内涵、民族精神、人文意蕴。另一方面，大系重点研究、评价、介绍"一带一路"国家教育的基本情况、发展历史、发展战略、政策法规、现存体系、治理模式与师资队伍等，这方面内容占较大篇幅，是全书的重点和主要内容。

"一带一路"倡议正在成为我国参与全球开放合作、改善全球治理体系、促进全球共同发展繁荣、推动构建人类命运共同体的中国方案。作为国家社会科学基金（教育学）重大项目"新时代提升中国参与全球教育治理的能力及策略研究"的部分研究成果和北京外国语大学"双一流"建设重大标志性成果，"一带一路"国家文化教育大系计划在 2021 年中国共产党建党 100 周年和北京外国语大学建校 80 周年之际，推出首批图书。2023 年"一带一路"倡议提出 10 周年时，推出该项目二期成果。同时积极参与党和国家相关主题纪念活动，以及国家重大图书项目的申报评选工作。

北京外国语大学以外语见长，国际交往活跃，被誉为"共和国外交官的摇篮"，先后培养了 400 多位大使、2 000 多位参赞，以及更多的外交外事外贸工作者。凡是有五星红旗飘扬的地方，都能看到北外人的身影。北外不仅承担着培养各类国际化人才的任务，更担负着向中国介绍世界、向世界介绍中国的历史使命。迄今为止，北外已获批开设 101 种外国语言，成立了 37 个区域与国别研究中心，丰富的涉外资源正在助力"一带一路"国家的研究。

大系由外研社具体组织实施。外研社隶属北外，多年来致力于"一带一路"国家的合作交流，服务讲好"中国故事"，在中华思想文化传播、打造中外出版联盟、推动中外学术互译等方面积累了丰富经验，对于协助研究、编著、出版"一带一路"国家文化教育大系具有良好的工作基础。这也是北外及外研社的使命和担当之所在。

大系编著者以北外教师为主。服务国家重大战略，北外人责无旁贷。同时，国内有研究专长和研究意愿的专家学者也踊跃参与，他们或独自撰著一书，或与北外同仁合作。大系还邀请了驻外使领馆的同志和对象国的学者参加撰写或审稿，他们运用一手资料，开展实地调研，力图提升大系的准确性。

四、结语

"一带一路"倡议植根历史，更面向未来；源于中国，更属于世界。"一带一路"作为文明互鉴的桥梁，从亚欧大陆延伸到非洲、美洲、大洋洲，与世界各国发展战略及众多国际和地区组织的发展实现对接联通，在通路、通航的基础上更好地通商，进而开展文化教育交流与沟通，加强商品、资金、技术、文化、教育流通，达成互学互鉴的文明愿景。"一带一路"倡议的目标是中国与"一带一路"国家在互联互通基础上分享优质产能，共商项目投资，共建基础设施，共享合作成果，内容包括政策沟通、设施联通、贸易畅通、资金融通、民心相通"五通"。"一带一路"倡议肩负重大使命，它要探寻经济增长之道，将中国自身的产能优势、技术与资金优势、经验与模式优势转化为市场与合作优势，实行全方位开放，共享中国改革发展红利；它要实现全球化再平衡，鼓励向西开放，带动西部开发以及中亚、蒙古等内陆国家和地区的开发，在国际社会推行全球化的包容性发展理念，主动向西推广中国优质产能和比较优势产业，惠及沿途、沿岸国家，避免西方国家所开创的全球化造成的贫富差距和地区发展不平衡情况，推动建立持久和平、普遍安全、共同繁荣的和谐世界；它要开创地区新型合作，强调共商、共建、共享原则，超越了马歇尔计划和传统的对外援助活动，给21世纪的国际合作带来了新的理念。所以，新时代中国的教育学者应当将"一带一路"国家文化教育研究作为比较教育新的增长点，全面深入开展研究，以自己的聪明才智丰富学术，为国出力，服务国家重大发展战略；在加强与"一带一路"国家的交流合作中，推动"一带一路"建设高质量发展，努力建设高质量的中国教育体系，并积极参与后疫情时代全球教育治理体系改革，加快构建以国内大循环为主体、国内国际双循环相互促进的新发展格局。

2023 年春
于北京外国语大学

（王定华，北京外国语大学党委书记、博士、教授、博士生导师，国家督学。历任河南大学教师、中国驻纽约总领事馆教育领事、教育部基础教育一司司长、教育部教师工作司司长等。）

本书前言

2013年，习近平主席在出访哈萨克斯坦和印度尼西亚时先后提出共建"丝绸之路经济带"和"21世纪海上丝绸之路"的重大倡议。自"一带一路"倡议实施以来，在"共商、共建、共享"原则的指引下，我国与"一带一路"国家不仅致力于实现基础设施的"硬联通"，而且着眼于规则标准的"软联通"，以及各国人民的"心联通"，"一带一路"建设取得了累累硕果。

教育交流合作是"一带一路"倡议重要组成部分。倡议提出后，教育部于2016年专门制定并印发了《推进共建"一带一路"教育行动》，旨在通过加强与"一带一路"国家在教育领域的务实合作，促进民心相通，为"一带一路"建设厚植民意根基。截至2019年年末，我国已与24个"一带一路"国家签署高等教育学历学位互认协议，共计60所高校在23个"一带一路"国家开展境外办学，16所高校与"一带一路"国家高校建立了17个教育部国际合作联合实验室。[1]

马耳他是"21世纪海上丝绸之路"的一个关键节点，也是"一带一路"向欧洲和非洲大陆纵深推进的重要"跳板"。自"一带一路"倡议提出以来，马耳他政府积极响应，并采取了多项切实行动，参与和支持"一

---

[1] 中国国家统计局. "一带一路"建设成果丰硕，推动全面对外开放格局形成——党的十八大以来经济社会发展成就系列报告之十七 [EB/OL].（2022-10-09）[2022-12]. http://www.stats.gov.cn/tjsj/sjjd/202210/t20221009_1888994.html.

带一路"框架下的中马交流与合作。2015年4月，马耳他申请加入亚洲基础设施投资银行，并于2016年1月成为亚投行创始成员国。2018年11月马总理穆斯卡特来华期间，中马签署《中华人民共和国政府与马耳他共和国政府关于共同推进丝绸之路经济带和21世纪海上丝绸之路建设的谅解备忘录》，在政治、经济、文化等领域开展合作。2019年4月，马能源与水利部部长米齐来华出席第二届"一带一路"国际合作高峰论坛分论坛。

中马两国在文化教育领域也保持着长期友好交往。1994年，中国和马耳他合作成立了地中海地区的首家中医中心；2003年，马耳他中国文化中心成立，这是地中海地区的首家中国文化中心；2009年，马耳他大学与厦门大学合作设立了孔子学院。这些机构在当地非常受欢迎，也大大促进了马耳他人对中国文化的了解和喜爱。

《马耳他文化教育研究》是"一带一路"国家文化教育大系中的一本。本书对马耳他的国家概况、文化风貌、教育历史及现状进行了全面系统的探究，内容包括前言、正文、结语和参考文献四部分。第一章从马耳他的自然地理、政治环境和社会生活三方面，对马耳他的国情进行了简要而全面的介绍，帮助读者了解马耳他的国家概况，为马耳他的文化教育研究提供基础和背景。第二章介绍了马耳他的历史沿革、风土人情，以及文化名人，以期使读者对马耳他悠久而丰富的文化传统和现状有所了解。第三章聚焦马耳他的教育历史，回顾了马耳他教育体系的形成、发展、变革和现状，简要描述了马耳他教育发展的主要脉络和各个历史时期的特点，同时还介绍了对马耳他教育发展产生过重大影响的知名教育家。第四章至第九章分别介绍和研究了马耳他的学前教育、基础教育、高等教育、职业教育、成人教育和教师教育的历史和现状。这几章采用了马耳他政府的大量官方数据，尽可能全面客观地展示马耳他各级各类教育的现状与特点，同时，还对马耳他教育各领域的发展经验进行了简要总结，并对该国教育面临的挑战和对策进行了简要剖析。第十章重点关注马耳他的教育政策，较为详细地介绍了马耳他政府近年来实施的主要教育政策、规划、法律和文件。第十一章则主要介绍了马耳他的教育行政管理体系，并对马耳他教育改革中的一项重要举措——"学院制"改革，进行了案例研究。第十二章回顾了中国与马耳他的文化教育交往历史，并以马耳他中国文化中心为案例分析了中马两国教育合作的模式，总结了两国教育合作的原则，并展望了两国未来文化教育交流合作的前景。

马耳他前任驻华大使卓嘉鹰在接受采访时曾说："在马耳他，几乎每个人都了解中国；而在中国，马耳他并不为众人所了解。"[1] 提到马耳他，人们或许会联想到美剧《权力的游戏》的取景地——马耳他戈佐岛的"蓝窗"[2]，但对于马耳他的其他方面了解比较少。国内已出版的图书中，多为对马耳他国情概况的介绍，特别是对马耳他著名旅游景点的介绍，而专门研究马耳他文化和教育的学术成果非常稀少。在本书撰写过程中，笔者搜寻和阅读了大量马耳他国内发布的信息和资料，由于英语是马耳他的官方语言之一，因此马耳他政府发布的信息资料绝大部分都提供了英文版本，这也为笔者的资料收集和研究提供了便利。希望本书的出版能够填补国内马耳他文化教育研究领域的空白，为从事相关研究的学者或对相关话题感兴趣的读者提供更多有价值的资料。囿于笔者的研究水平，本书一定还有不少需要改进的地方，乃至错漏之处，希望学界同仁和广大读者不吝指正。

非常感谢北京外国语大学党委书记王定华教授和外语教学与研究出版社对我的信任，将撰写《马耳他文化教育研究》一书的任务交给了我，也非常感谢"一带一路"国家文化教育大系编审人员细致地阅读书稿并提出宝贵的修改建议。同时我还要特别感谢我的好朋友，马耳他大学翻译系的Sergio Portelli 教授，他曾在"伊拉斯谟+"计划的资助下数次访问北京外国

---

[1] 中国社会科学报. 马耳他驻华大使："在海上丝绸之路上等你" [EB/OL].（2016-10-27）[2022-12]. https://www.sohu.com/a/117410930_488440.

[2] 这个地标性景点已于2017年3月8日坍塌。

语大学，而 2022 年他又和同事合作完成并出版了马耳他语版的《论语》。这是儒家经典首次全文译为马耳他语出版，为中马文化教育交流做出了重大贡献。我还要感谢马耳他大学教育学院的 Sandro Caruana 教授，他是马耳他教育研究领域的著名专家，在撰写本书过程中，我曾多次向他请教，他也不厌其烦地回答了我的问题。此外，我要感谢北京外国语大学欧洲语言文化学院马耳他语教研室主任许金菁提供的帮助，感谢北京外国语大学高级翻译学院科研助理李尧政为本书搜集资料和翻译制作书中表格所付出的辛勤劳动，以及北外高翻学院的张潞炜同学在本书写作初期进行的资料搜集工作。感谢新华社图片中心图品部主任张京提供的由陈文仙和乔纳森·博格拍摄的在马耳他举办的中国文化活动的图片。感谢马耳他驻华使馆大使助理郁艳伟提供的马耳他前总统德马科的照片。感谢马耳他大学市场、宣传和校友办公室提供的马耳他大学校园照片。感谢马耳他大学孔子学院公派教师、南京师范大学博士生孙怡帮忙拍摄的马耳他学校的照片。书中还有部分图片由 Pixabay 网站无偿提供，在此向各位图片提供者和摄影师一并致谢。

姚斌

2023 年 5 月于北京外国语大学高级翻译学院

目　录

第一章　国情概览 ··· 1

第一节　自然地理 ·· 1
一、地理位置 ·· 1
二、地形地貌 ·· 3
三、气候特征 ·· 3
四、自然资源 ·· 4
五、世界遗产 ·· 5

第二节　国家制度 ·· 6
一、国旗与国徽 ··· 6
二、政体 ·· 6
三、议会 ·· 7
四、政府 ·· 8
五、司法 ·· 9
六、主要党派 ·· 9
七、对外关系 ··· 10

第三节　社会生活 ··· 10
一、人口与民族 ··· 10
二、语言与宗教 ··· 11
三、经济现状 ··· 11
四、主要产业 ··· 13
五、对外贸易 ··· 18
六、人民生活 ··· 19
七、新闻出版 ··· 20
八、体育运动 ··· 21

1

第二章 文化传统

第一节 历史沿革
- 一、史前时期 ························· 22
- 二、腓尼基人和罗马人统治时期 ··············· 23
- 三、中世纪时期 ······················· 23
- 四、近代时期 ························ 23
- 五、英国统治时期 ····················· 25
- 六、现代时期 ························ 26

第二节 风土人情
- 一、饮食 ·························· 27
- 二、民居 ·························· 29
- 三、风俗习惯 ······················· 29
- 四、节假日 ························ 30

第三节 文化名人
- 一、敦·卡姆·普塞拉 ·················· 31
- 二、鲁扎尔·布里法 ··················· 32
- 三、安东·布蒂吉格 ··················· 32
- 四、马利亚·卡尔迈尔 ················· 33
- 五、奥利弗·弗里吉里 ················· 34
- 六、伊曼纽尔·米夫萨德 ················ 35
- 七、皮埃尔·J.梅杰拉克 ················ 35

第三章 教育历史

第一节 历史沿革
- 一、起源至骑士团时期 ·················· 37
- 二、英国统治时期 ····················· 39
- 三、共和国时期 ······················ 39

第二节 知名教育家 ·············· 41
　　一、米基尔·安东·瓦萨里 ·············· 41
　　二、保罗·普利契诺 ·············· 42
　　三、彼得鲁·帕尔·塞登 ·············· 44

第四章 学前教育 ·············· 45
第一节 学前教育的发展和现状 ·············· 45
　　一、学前教育的发展历史 ·············· 45
　　二、学前教育的现状 ·············· 48
第二节 学前教育的特点 ·············· 56
　　一、与时俱进，满足经济、社会发展要求 ·············· 57
　　二、重视监管，关注质量 ·············· 57
　　三、聚焦儿童全面发展，突出关键能力培养 ·············· 58
第三节 学前教育的挑战和对策 ·············· 58
　　一、儿童入园率偏低问题 ·············· 59
　　二、优质师资匮乏问题 ·············· 59
　　三、利益相关方参与不足问题 ·············· 60

第五章 基础教育 ·············· 62
第一节 基础教育的概况和课程 ·············· 62
　　一、基础教育概况 ·············· 62
　　二、基础教育课程设置 ·············· 71
第二节 基础教育的特点 ·············· 82
　　一、中央政府高度重视 ·············· 82
　　二、重视不同教育周期的衔接 ·············· 83
　　三、重视语言学习 ·············· 83

四、将职业能力培养纳入基础教育体系 ················ 83
　第三节　基础教育的挑战和对策 ························ 84
　　一、公立学校管理的集权和分权问题 ················ 84
　　二、早期离校问题 ································ 85
　　三、校园霸凌问题 ································ 86
　　四、成绩不良问题 ································ 88

第六章　高等教育 ···································· 90
　第一节　高等教育的概况 ······························ 90
　　一、中学后教育 ·································· 90
　　二、高等教育现状 ································ 92
　　三、高等教育管理 ································ 96
　　四、高等教育机构简介 ···························· 97
　第二节　高等教育的特点 ····························· 106
　　一、"双轨制"高等教育系统 ······················ 106
　　二、高等教育体系规模较小 ······················· 106
　　三、高等教育得到的支持力度较大 ················· 107
　　四、高等教育不断迈向国际化 ····················· 108
　第三节　高等教育的挑战和对策 ······················· 108
　　一、高等教育普及率低于欧盟平均水平 ············· 109
　　二、高等教育须在提高就业能力方面发挥
　　　　更大作用 ··································· 110

第七章　职业教育 ··································· 112
　第一节　职业教育的发展和现状 ······················· 112
　　一、职业教育发展简史 ··························· 112

二、职业教育现状 ································ 114
第二节 职业教育的特点 ································ 119
　　一、政府大力推动，吸引力日渐增加 ············ 119
　　二、健全的外部质量保障机制 ····················· 120
第三节 职业教育的挑战和对策 ······················· 120
　　一、职业人才供不应求问题 ························ 120
　　二、职业人才教育与市场脱轨问题 ··············· 122

第八章 成人教育 ··· 123
第一节 成人教育的发展和现状 ······················· 123
　　一、成人教育发展简史 ······························· 123
　　二、成人教育现状 ···································· 125
第二节 成人教育的特点 ································ 131
　　一、政府的有力支持和推动 ························ 131
　　二、利益相关方积极参与 ··························· 133
第三节 成人教育的挑战和对策 ······················· 133
　　一、低学历人群占比较大问题 ····················· 133
　　二、新冠肺炎疫情的负面影响 ····················· 136

第九章 教师教育 ··· 138
第一节 教师教育的发展和现状 ······················· 138
　　一、教师教育发展简史 ······························· 138
　　二、教师教育现状 ···································· 139
第二节 教师教育的特点 ································ 154
　　一、教师教育体系完整 ······························· 154
　　二、包容性教育意识强烈 ··························· 155

三、支持教师掌握现代教育技术 ·········· 156
第三节 教师教育的挑战和对策 ················ 157
　　一、中小学教师职业动力不足问题 ·········· 157
　　二、中小学教师人数不足问题 ············ 158

第十章 教育政策 ························ 160
第一节 政策与规划 ······················ 160
　　一、《马耳他资格框架》 ················ 161
　　二、《马耳他教育战略框架（2014—2024年）》···· 163
　　三、《学习成果框架》 ················ 165
　　四、《家庭作业国家政策》 ·············· 166
　　五、《我的旅程：多重实现路径》 ·········· 167
　　六、《学校包容性教育政策：通向优质
　　　　包容之路》 ·················· 167
　　七、《马耳他岛和戈佐岛早期儿童教育和保育
　　　　（0—7岁）国家政策框架》和《早期儿童
　　　　教保育服务国家标准（0—3岁）》 ········ 168
　　八、《早期离开教育和培训——前进道路
　　　　（2020—2030年）》 ·············· 168
　　九、《马耳他岛和戈佐岛基本文化素养国家战略
　　　　（2021—2030年）》 ·············· 169
　　十、《终身学习国家战略（2020—2030年）》 ······ 169
第二节 实施与挑战 ······················ 170
　　一、政策与规划的特点 ················ 170
　　二、案例研究：《马耳他资格框架》的实施、
　　　　挑战与未来发展 ················ 172

第十一章 教育行政 ……177
第一节 教育行政体系 ……177
一、中央教育行政体系 ……177
二、地方市政委员会 ……180
第二节 教育行政改革案例研究 ……181
一、改革的背景 ……181
二、改革的实施 ……182
三、改革面临的挑战 ……183
四、改革的未来方向 ……185

第十二章 中马教育交流 ……187
第一节 交流现状、模式与原则 ……187
一、交流现状 ……187
二、交流模式与原则 ……193
第二节 案例与思考 ……194
一、马耳他中国文化中心 ……194
二、问题与对策 ……196

结　语 ……198

参考文献 ……202

第一章 国情概览

马耳他共和国,简称马耳他,是一个位于地中海中部的岛国。由于马耳他岛盛产蜂蜜,因此在古希腊语中被称为"Melite",意为"像蜂蜜一样甜蜜"。马耳他风景秀丽,文化多姿多彩,历史底蕴丰富,是世界闻名的旅游胜地,享有"地中海心脏""欧洲的乡村"之美誉。

马耳他虽然面积不大,但却是具有重要战略意义和文化意义的群岛。在战略方面,马耳他介于欧亚非三大洲之间,战略地位重要,在一系列大国争夺地中海主导权的斗争中,马耳他是必争之地,它在历史上曾先后被腓尼基人、罗马人、阿拉伯人、诺曼人、西西里人、阿拉贡人、圣约翰骑士团、法国人和英国人统治过。在文化方面,马耳他的特殊地理位置和历史使之成为欧亚非三大洲之间文化沟通的重要枢纽。

第一节 自然地理

一、地理位置

马耳他位于地中海的中心位置,地理坐标为北纬35°48′—36°06′和东经

14°11′—14°35′，其纬度大致与中国南、北方分界线相当。马耳他属于东一时区，当地时间比北京时间晚 7 个小时。每年 4—10 月采用夏令时，其间与北京的时差为 6 小时。马耳他北与意大利隔海相望，距意大利西西里岛南端仅 93 千米，西距突尼斯 284 千米，南距利比亚 333 千米，是欧洲与非洲之间的交通要道。

马耳他的国土总面积为 316 平方千米，在世界排名第 188 位，可以说是全球为数不多的"袖珍国"之一。马耳他全境由马耳他岛、戈佐岛、科米诺岛、科米诺托岛和费尔弗拉岛五个岛屿及多处礁石组成。马耳他群岛处于非洲板块与亚欧板块的交汇处，原为连接西西里岛和北非的大陆桥，后来由于第四季冰川时期海平面上升，形成了群岛。

在马耳他诸岛中，马耳他岛最大，为主岛，面积为 245.73 平方千米。马耳他岛东西长约 27.36 千米，南北宽约 14.48 千米，拥有 190 多千米长的海岸线。马耳他岛约占马耳他国土总面积的 78%，是马耳他的文化、商业和行政中心。第二大岛为戈佐岛，地处马耳他岛西北方向，与马耳他岛距离 5.5 千米。戈佐岛面积为 67.08 平方千米，东西长 14 千米，南北宽 7.2 千米，海岸线长 56.01 千米。[1] 戈佐岛上有大片的田野，不仅风光秀丽，还盛产蔬菜瓜果，因而有"马耳他花园"的美誉。戈佐岛与马耳他岛之间有定期班轮，是马耳他人和外国人休闲的胜地。科米诺岛是马耳他的第三大岛，位于马耳他岛和戈佐岛之间，面积约 3 平方千米，岛上只有 2 000 名左右的居民，是马耳他骑士团城堡所在地。科米诺托岛和费尔弗拉岛面积均很小，无人居住。

马耳他首都是位于马耳他岛的瓦莱塔，其面积为 0.8 平方千米，人口约 7 000 人。瓦莱塔融合了巴洛克式建筑风格与当地建筑形式，名胜古迹与现代文明交相辉映。

---

[1] 蔡雅洁. 马耳他 [M]. 北京：社会科学文献出版社，2018：1-2.

二、地形地貌

马耳他诸岛地势起伏，西高东低，间有小块盆地，无原始森林，无入海河流，海拔最高点为 248.9 米。丘陵地形占国土总面积的 78%。梯田、干燥植被、岩石和石灰石构成了马耳他的主要地貌景观。马耳他群岛全年都有长时间的强烈光照，有几条水道全年供应有限的淡水，暴雨过后偶尔会出现临时性的小河流，但没有永久性的河流或湖泊。马耳他的森林在几个世纪前几乎被砍伐殆尽，如今仅存的树木有橄榄树、榕树、柑橘树、松树、柽柳树和角豆树等。在马耳他岛和戈佐岛的丘陵地区，人们种植葡萄和蔬菜。

马耳他岛、戈佐岛和科米诺岛的海岸线主要由岩石构成，但在马耳他岛和戈佐岛北部地区有一些沙滩，如马耳他岛北部的金色海湾和梅利哈海湾，以及戈佐岛的拉姆拉海湾。这些沙滩是人们休闲度假的胜地，适合日光浴、冲浪、玩滑翔伞或者划船等。马耳他岛南部海岸线景观以林立的悬崖为主，东海岸多深水海湾，西海岸则集中了多个天然良港。

三、气候特征

马耳他属于典型的亚热带地中海式气候，全年分夏季（5—10 月）和冬季（11 月至次年 4 月）。夏季炎热干燥，光照强烈，冬季则温度宜人，湿润多雨。夏季平均温度为 25℃，冬季平均气温为 15℃。全年平均气温 21.3℃，最高气温可达 40℃，最低气温 5℃。

马耳他全年大部分时间光照强烈，是欧洲全年光照时间最长的国家，长达 3 000 多小时。7 月平均每日光照时间为 12 小时，12 月为 5 小时。

马耳他的年平均降水量比较少，只有 560 毫米左右，且降水时间分布不均匀，每年 3/4 的降水都集中在 10 月到次年 3 月。尽管降水量不多，马耳他的湿度却很高，全年都保持在 40% 以上。每年 5—10 月是马耳他的夏季，其中 8 月最热，白天的平均温度在 28—34℃。马耳他的夏季干旱少雨，不利于农作物生长。到了 9 月底，大西洋方向吹来的冷空气带来暴雨，气候变得凉爽。10 月和 11 月天气宜人，时有阵雨，此时是马耳他的农忙时节。11 月至次年 4 月为马耳他的冬季，气候比较温和，最冷的 1 月白天温度在 12—20℃。与其他欧洲国家相比，马耳他的冬季是最温暖的，没有降雪，但有时会有较强的东北风和雷阵雨。[1]

四、自然资源

马耳他自然资源匮乏，除盛产建筑用石灰岩外，无其他矿产资源。虽然自 20 世纪 90 年代开始，马耳他就着手开展海上石油勘探活动，但迄今未发现具有商业开采价值的石油和天然气资源。因此，马耳他的石油和天然气等主要能源的供应完全依赖进口。在电力供应方面，马耳他岛和戈佐岛都建设有火力发电站。马耳他拥有丰富的太阳能和风能资源，但开发不足，可再生能源份额仅占 8.5%。马耳他没有永久性的淡水河流或湖泊，因此淡水供应紧张，人均可用水量仅有 82 立方米，每年都需要从外国进口淡水，而且 55% 的生活用水都依赖海水淡化。在食品供应方面，马耳他本国的生产能力仅能满足 20% 的食品需求，需要依靠大量进口。[2]

---

[1] 商务部国际贸易经济合作研究院，中国驻马耳他大使馆经济商务处，商务部对外投资和经济合作司. 对外投资合作国别（地区）指南：马耳他（2021 年版）[EB/OL].（2022-01-01）[2022-12-01]. http://www.mofcom.gov.cn/dl/gbdqzn/upload/maerta.pdf.

[2] 商务部国际贸易经济合作研究院，中国驻马耳他大使馆经济商务处，商务部对外投资和经济合作司. 对外投资合作国别（地区）指南：马耳他（2021 年版）[EB/OL].（2022-01-01）[2022-12-01]. http://www.mofcom.gov.cn/dl/gbdqzn/upload/maerta.pdf.

五、世界遗产

哈尔·萨夫列尼地下宫殿位于马耳他首都瓦莱塔城南 1 千米的帕奥拉市中心附近，是马耳他著名古迹，有"史前圣地"之称。这座地下宫殿建于萨夫列尼时期（约公元前 3300—公元前 3000 年），于 1902 年被发现。考古学者认为这座地下宫殿最初可能用作避难所，后来成为史前时代的墓地。在地宫发掘中，曾发现超过 7 000 具尸骨。哈尔·萨夫列尼地下宫殿是世界上发现的唯一一座史前时代地下宫殿，其独特之处也正在于它是在地下凿砌而成，而建筑结构却与地面上用巨石修造的庙宇类似。1980 年，马耳他发行了绘有哈尔·萨夫列尼地下宫殿的邮票，以纪念它被列为世界遗产。目前，地下宫殿虽对公众开放，但受到严格保护，每天仅允许 60 人进入游览。

马耳他巨石庙是马耳他岛和戈佐岛上的著名历史古迹。这些史前建筑建于公元前 4000—公元前 3000 年，都是用巨大的石块建成，散布在岛上哈加琴姆、穆娜德利亚、哈尔·萨夫列尼以及塔尔申等地区的村落中。虽然大多数建筑由于历史久远已经坍塌，但少数基本结构仍较完好。这些巨石建筑气魄宏大，所用的石灰石有的雕刻粗糙，有的细腻光滑，当年的精细工艺依稀可辨。马耳他巨石庙是史前建筑史上的奇迹。这些神庙建造的年代大多数比金字塔还要久远，不少研究显示，这些神庙的建造者在数学、建筑学、天文学和历法等方面都具有极高的造诣，而且还应该拥有成熟的社会组织能力，如此才能完成这些巨大的建筑，但人们至今没有发现任何用来制造这些神庙的工具。马耳他神庙是人类远古时期文明的展示，其精准、独特的建筑反映了先民的非凡智慧，因此享有"露天历史博物馆"的美誉。1980 年，马耳他巨石庙作为文化遗产，被联合国教科文组织世界遗产委员会批准列入《世界遗产名录》。

第二节 国家制度

一、国旗与国徽

马耳他国旗于 1964 年 9 月 21 日独立时开始采用。国旗呈长方形，长与宽之比为 3∶2。旗面由两个面积相等的竖长方形构成，左侧为白色，右侧为红色；左上角是镶有红边的银灰色乔治十字勋章图案。马耳他国旗上的红白两种颜色的象征意义可以追溯到圣约翰骑士团时期。白色象征纯洁，红色象征勇士的鲜血。十字勋章图案则来自英王乔治六世授予的十字勋章。在第二次世界大战期间，马耳他人民英勇作战，配合盟军粉碎了德、意法西斯的进攻，因而在 1942 年获得了该十字勋章。后来勋章图案被绘制在国旗上，在 1964 年马耳他独立时，在勋章图案四周又加上了红边。

马耳他国徽启用于 1988 年，为盾形徽，图案与国旗相同。盾面上方为一个堡式王冠，可见 5 个碉楼，代表马耳他城，左右分别饰以橄榄和棕榈枝条，下方的绶带上用马耳他语写着"马耳他共和国"。

二、政体

1964 年 9 月 21 日，马耳他正式宣布独立。马耳他在独立日颁布的《宪法》规定，马耳他为君主立宪制政体，为英联邦成员国，英国女王为马耳他国家元首，女王任命的总督为其代表。1974 年 12 月 13 日《宪法修正案》通过，马耳他成为共和国，但仍保留在英联邦内。马耳他共和国总统为国家元首，由总理提名，经议会不少于三分之二议员投票同意产生，任期 5 年。1994 年和 1996 年，为适应马耳他申请加入欧盟的需要，马耳他《宪法》又先后两次修改。马耳他于 2004 年 5 月 1 日加入欧盟后，加速融入欧盟，对国内经济、社会政策进行较大调整，在财政、金融、税收、司法、教育和医疗等领域推行一系列改革措施，经济开始好转。2007 年 12 月，马耳他加入申根区，2008 年 1 月正式启用欧元。2017 年上半年首次担任欧盟轮值主席国。

马耳他共和国实行三权分立制度，其立法、行政和司法部门各司其职，相辅相成。议会是立法机构，议会制定的法律经马耳他总统批准并签署后生效。行政部门由政府机构组成，包括总理、内阁和地方市政委员会。司法部门由法院系统组成，宪法法院是最高司法机构，由 1 名首席大法官和 16 名大法官组成。

三、议会

马耳他共和国实行一院制，称众议院，众议院由普选产生，为立法机构，政府由议会多数党组成。马耳他议会基本规则效仿英国下议院，但也有其民族特色。

马耳他《宪法》规定，议会由总统和众议院组成。总统为名义上的首脑，议长一般由执政党副领袖担任，在议会事务中拥有实权。众议院设有议长办公室和副议长办公室、常设委员会、联合委员会、议会代表团、特设/存档委员会，以及独立的审计署和巡视官办公室。

每届议会任期为 5 年，如遇战争，任期可延长，每次延长 12 个月，最多不超过 5 年。总统除拥有行政权外，还有权任命议会多数派获最多支持的议员担任总理并组阁、根据总理提名任命议员为政府部长和议会国务秘书、指定议会开会时间和地点、宣布议会闭会和解散、在议会宣读政府施政纲领、颁布赦免令等。议会是国家立法机关，监督政府工作，政府对议会负责。议会法案须经总统签发后方能成为法律。总理和议长须定期向总统报告各自工作。最高司法机关宪法法院独立于议会和政府，属于执法机关。关于议员是否有效当选、议员席位空缺或被要求停止行使职能、非议员是否有效当选议长或当选后职位空缺等问题均提交宪法法院依据现行法律判决。

议长在国家政治生活中的地位在总统、总理和首席大法官之后，在政治生活中的重要性相对有限。议长在议会中只起主持会议作用，以保持公正中立，只有表决出现赞成票和反对票数量相等时，才可投决定票。此外，议长在议员管理中有一定的发言权，审批议员出国访问请示，并领导议会办公室。

四、政 府

总统是国家元首，由议会决议任命，任期为 5 年。总理是政府首脑，由总统任命，负责管理国家。各部部长也由总统根据总理的建议任命和赋权。总理和各部部长必须是议会当选议员，他们共同组成内阁。政府最重要的决定由内阁开会做出。

马耳他全国共有 68 个地方市政委员会，其中马耳他岛 54 个，戈佐岛 14 个。地方市政委员会通常由 5—13 名民选委员组成，其中包括市长和副市长。2015 年之前，地方市政委员会的任期为 3 年，2015 年改革后延长至 5 年。地方市政委员会主要负责本地区的设施维护、生活垃圾收集、为当地居民组织活动等，还在本地区的土地开发、规划方案和交通安排方面发挥咨询职能。地方市政委员会也会配合中央政府提供一定的教育服务，如为成人教育提供授课场所等。[1]

---

[1] 资料来源于马耳他政府官网。

五、司法

马耳他的司法部门是由高级法院和初级法院构成的两级系统，高级法院系统包括宪法法院、上诉法院、刑事上诉法院、刑事法院和民事法院。初级法院系统包括马耳他岛、戈佐岛和科米诺岛的治安法院。宪法法院的大法官由总统根据总理推荐任命，任职到65岁退休。

六、主要党派

马耳他工党现为执政党，中左派，欧洲社会党成员，1921年成立，早期党员以劳工阶层居多。对内主张权利平等，关注弱势群体，建立福利社会，发展自主经济，工会参与企业管理，出售部分国有企业股份。对外主张中立和不结盟，不参加任何军事集团，重视同地中海国家关系。曾反对马加入欧盟，但在马加入后则表示尊重人民的选择。

马耳他国民党是主要反对党，中右派，欧洲人民党团成员，1880年成立。早期党员主要是工商业者、教职员、律师、农民。对内主张把马建成信奉天主教、具有欧洲传统和民族精神、自由正义的民主国家，保护国内传统和生活方式，提倡环境保护，反对过度开发。近年来政治立场趋中间化。对外主张加强同欧洲国家和地中海各国的联系和合作。

1966年，马举行独立后首次大选，国民党获胜执政。此后国民党和工党两党长期轮流执政。1971—1987年，工党连续执政。1998—2013年，国民党连续执政。2013年3月，工党赢得大选上台执政。2017年工党提前举行大选并再次获胜，执政至今。

七、对外关系

马耳他自独立后一直奉行中立政策，始终保持与欧洲大陆和地中海沿岸国家的友好关系，强调自己是"欧洲的一部分，也是地中海的一部分"。马耳他坚持以欧盟和地中海为重点，全面参与欧盟决策进程，推动欧洲地中海合作，积极发展同地中海南北两岸国家关系，推动欧盟和阿盟合作，支持成立地中海联盟，同时重视并积极发展同中国、美国、俄罗斯、澳大利亚、印度、南非等国家和新兴经济体的关系。

第三节 社会生活

一、人口与民族

2021年，马耳他的人口数量为519 562人，其中男性270 021人，女性249 541人，女性略少于男性。马耳他的人口密度为每平方千米1 649人，远高于欧洲平均水平。马耳他面临人口老龄化的问题，65岁以上年龄段人群共有97 642人，多于其他各年龄段人口。近年来，大量移民涌入马耳他，目前，马耳他籍人口为404 113人，外籍人口则为115 449人，约占全国人口总数的1/5。马耳他人口主要居住在马耳他岛，约48万人，另有3.4万余人居住在戈佐岛及科米诺岛。[1]

在马耳他全国人口中，马耳他人占88%以上，其余为阿拉伯人、意大利人、英国人等。马耳他人是典型的地中海民族。他们热情待人但并不外

---

[1] 资料来源于马耳他政府官网。

露，善于表达感情但又能耐心克制；他们温和、明智而又充满自信。他们拥有独特的文化、语言和民族特点，其衣食住行都别具特色。

二、语言与宗教

马耳他语和英语同为马耳他的官方语言。英语是马耳他的主要官方语言，所有的官方用语、文书、教学均使用英语。马耳他语属于古老的阿非罗-亚细亚语系闪语族，使用人口逾30万。意大利语在马耳他普及率也较高，不少超市和零售店的员工都会说马耳他语、英语和意大利语。

天主教是马耳他的国教，信奉人数占马耳他人口的94.5%。除了天主教以外，东正教教徒占马耳他人口的2.7%，基督教新教教徒占0.8%，穆斯林占0.5%，只有1%的马耳他居民不信教。[1] 教会是马耳他社会唯一被本土民众认同的组织，也是延续马耳他民俗和文化最重要的载体。由于多数马耳他人信奉天主教，十分虔诚，因此马耳他的宗教节日和公共假日较多。马耳他人讲究宗教礼仪与礼节，倡导慈善，爱护动物，在马耳他旅游或工作的外国人应尊重当地人的宗教信仰，遵循马耳他人的礼节习惯。

三、经济现状

马耳他是欧元区内的最小经济体。马耳他的自然资源贫乏，技术人员短缺，工业基础薄弱，粮食基本依赖进口，对外贸易长期处于逆差状态。旅游业、造船业和修船业等是其传统支柱产业，其中旅游业是马耳他外汇

---

[1] 蔡雅洁. 马耳他[M]. 北京：社会科学文献出版社，2018：17-18.

的最主要来源。近年来,马耳他政府大力发展数字金融、人工智能等新兴产业,着眼打造"数字经济高地"。

2004年加入欧盟后,马耳他获大笔援款,政府推出系列改革措施,大力调整经济结构,宏观经济状况不断改善。由于受2008年国际金融危机影响,马耳他进出口和内需下降,经济一度陷入衰退。为缓解危机影响,马政府投入约9 000万欧元用于刺激经济,采取提高存款准备金率、实施旅游业贷款利息补贴、为企业量身定制资金帮扶等一系列措施,用以稳定市场、保障就业、吸引投资、刺激经济。2010年起经济开始企稳复苏,逐步恢复增长。

2019年,马耳他国内生产总值(GDP)约132.1亿欧元,同比增长6.8%,人均GDP近2.6万欧元,失业率3.4%,通胀率1.64%。受新冠肺炎疫情影响,2020年马耳他经济陷入衰退,GDP约128.2亿欧元,同比下降5.7%;2021年第一季度GDP约为33亿欧元,同比下降0.5%;人均GDP约2.5万欧元,失业率3.6%,通胀率0.64%。2021年11月,欧盟委员会发布秋季经济预测,预计马耳他2022年GDP增长率将升至6.2%,成为欧盟成员中增长最快的经济体。[1]

马耳他加入欧盟后公共财政状况总体良好,在GDP增长、降低结构性赤字和公共债务等方面取得积极成果。受国际金融和经济危机影响,从2008年起,马财政状况出现逆转。2009年政府财政赤字达2.85亿欧元,约占GDP的5.1%;政府债务超过39亿欧元,占GDP的67.6%。2017年国家财政盈余3 150万欧元,政府债务占GDP的比例降至54.93%,处于35年来最好时期。2020年,马耳他财政收入为46.78亿欧元,财政支出59.78亿欧元,财政赤字13亿欧元,占GDP比重为10.1%。2020年受新冠肺炎疫情影

---

[1] 中华人民共和国驻马耳他共和国大使馆. 马耳他国家概况 [EB/OL]. (2022-01-01) [2022-12-01]. http://mt.china-embassy.gov.cn/chn/metgk/201701/t20170113_9837854.htm.

响，马耳他在连续 4 年保持财政盈余后首次出现财务赤字。[1]新冠肺炎疫情发生后，马耳他政府出台大规模社会经济救助措施，2021 年上半年，政府财政支出 30 亿欧元，同比增长 10.9%；财政赤字 8.5 亿欧元；中央政府债务 78 亿欧元，较 2020 年上半年减少 0.47 亿欧元。[2]

受人口数量少和地理条件的限制，马耳他本身市场容量相对较小。2021 年第一季度，马耳他公共消费支出为 7.85 亿欧元，占 GDP 比重为 24.1%；私人消费支出 14.1 亿欧元，占 GDP 比重为 43.3%。根据马耳他国家统计局 2020 年第三季度调查，马耳他人均月收入为 1 536 欧元，2019 年家庭平均可支配收入 2.85 万欧元。[3]

在加入欧盟以前，马耳他使用的货币为马耳他里拉（LM），马耳他里拉曾经是全世界价值第二高的流通货币。自 2008 年加入欧元区后，马耳他启用欧元作为流通货币。

四、主要产业

（一）旅游业

旅游业是马耳他经济的支柱产业和主要外汇来源。马耳他有各类星级宾馆 130 多座，此外还有 120 多座度假公寓等。旅游业直接就业人数约 1 万人，每年接待外来游客约为本国人口的 5 倍。马耳他政府在 2006 年

---

[1] 商务部国际贸易经济合作研究院，中国驻马耳他大使馆经济商务处，商务部对外投资和经济合作司. 对外投资合作国别（地区）指南：马耳他（2021 年版）[EB/OL].（2022-01-01）[2022-12-01]. http://www.mofcom.gov.cn/dl/gbdqzn/upload/maerta.pdf.

[2] 中华人民共和国驻马耳他共和国大使馆. 马耳他国家概况 [EB/OL].（2022-01-01）[2022-12-01]. http://mt.china-embassy.gov.cn/chn/metgk/201701/t20170113_9837854.htm.

[3] 资料来源于马耳他国家统计局官网。

推出的激励措施吸引了一些航空公司在马运营，因此马耳他旅游业收入在2007年取得较大增长。但受国际金融和经济危机影响，自2008年第四季度起，马耳他旅游业出现大幅下滑，2009年访马游客人数减少8.4%。2010年出现回暖，访马游客人数约为133万，同比增长13%。2019年，赴马游客人数约280万人次，同比增长5.7%，人均消费807欧元。英国和意大利、德国、法国等欧盟国家为赴马游客的主要来源国。2020年，在新冠肺炎疫情背景下，欧洲各国出台旅行限制措施，赴马旅客人数锐减。2020年全年马耳他仅接待游客约66万人，同比下降76.1%。2021年第一季度，游客总数37万人次，同比下降13.1%，游客消费约2.2亿欧元，同比下降17.5%，人均消费607欧元。[1]

（二）交通运输业

马耳他国土面积较小，且多山地丘陵，境内没有铁路和内陆水路。国内运输基本依靠公路，公路里程长2 254千米，无高速交通系统。公交系统不甚发达，私人车辆为主要交通工具。全国共有约41.1万辆汽车（2021年第三季度），人均车辆保有率居世界前列。[2] 加入欧盟以后，欧盟每年向马耳他提供一定数量的援款，用于基础设施建设，包括改善公路状况。与岛外的交通主要依赖航空和海运。卢阿国际机场是马耳他唯一的机场，吞吐量最高超700万人次，与欧、美、北非等地主要城市有多条直飞航线。马耳他与中国无直达航班，可通过法兰克福、迪拜、巴黎、罗马、维也纳、伊

---

[1] 商务部国际贸易经济合作研究院，中国驻马耳他大使馆经济商务处，商务部对外投资和经济合作司. 对外投资合作国别（地区）指南：马耳他（2021年版）[EB/OL].（2022-01-01）[2022-12-01]. http://www.mofcom.gov.cn/dl/gbdqzn/upload/maerta.pdf.

[2] 商务部国际贸易经济合作研究院，中国驻马耳他大使馆经济商务处，商务部对外投资和经济合作司. 对外投资合作国别（地区）指南：马耳他（2021年版）[EB/OL].（2022-01-01）[2022-12-01]. http://www.mofcom.gov.cn/dl/gbdqzn/upload/maerta.pdf.

斯坦布尔、开罗等城市转机。2017年，马耳他航空运输业直接提供就业岗位近4 000个。[1]受新冠肺炎疫情影响，2020年机场客运量仅为174.8万人次，同比下降76.1%，货运量1.6万吨，同比下降7.6%。

马耳他航运业发达，拥有世界上最好的天然港口，港口主要有2个，瓦莱塔大港和自由港。自由港位于马耳他岛南部，系地中海沿岸第三大转运港，与世界110个港口有货物往来。2020年，该港集装箱年吞吐量244万只标准箱，停靠超过1 500艘货船，是地中海地区最重要的转运码头之一，与意大利、法国等欧洲国家和北非沿海国家有定期客货船只往来，另与新加坡合资管理大港。港内设有保税仓库，可中转处理货物。此外，2019年马耳他注册船只约8 593艘，是欧洲第一大、世界第六大船舶登记国。马耳他在商业游艇注册方面也处于世界领先地位，截至2014年年底，悬挂马耳他国旗超过24米长的超级游艇452艘。[2]

（三）工业

马耳他目前共有16个工业园区。近年来马耳他的制造业产值不断下降，目前仅占GDP的8%左右，低于西方国家总体水平。制造业从业人员占总劳动力的比重不足20%。主要有电子、化工、机械设备、医药、食品饮料等产品。马耳他全国现有650多家生产性企业，员工2.2万人。其中，外资企

---

[1] 商务部国际贸易经济合作研究院、中国驻马耳他大使馆经济商务处，商务部对外投资和经济合作司. 对外投资合作国别（地区）指南：马耳他（2021年版）[EB/OL].（2022-01-01）[2022-12-01]. http://www.mofcom.gov.cn/dl/gbdqzn/upload/maerta.pdf.
[2] 商务部国际贸易经济合作研究院、中国驻马耳他大使馆经济商务处，商务部对外投资和经济合作司. 对外投资合作国别（地区）指南：马耳他（2021年版）[EB/OL].（2022-01-01）[2022-12-01]. http://www.mofcom.gov.cn/dl/gbdqzn/upload/maerta.pdf.

业 250 家，外资企业出口占马耳他出口总额的 90%，解决就业约 40%。[1]

（四）农业

马耳他土地贫瘠，全国可耕地面积只有约 1.1 万公顷，加之严重缺乏淡水，农业发展受到了很大制约。农业、林业和渔业产值占马耳他总体经济产值不足 1%，全职农业人口不足 2 000 人，很多农业人口转向服务业，兼职农业人口也不再将农业收入作为主要收入来源。[2] 马耳他的农产品主要有饲料、蔬菜、水果、花卉、土豆、牲畜、畜副产品等。粮食、牛奶、植物油、水果等大部分依赖进口。

（五）金融业

金融服务业是马耳他率先对外资开放的行业，近年来发展迅速，政府力争将马耳他打造成地中海金融中心。近年来，马耳他金融业产值年均增长 25%。马耳他签署了 70 个避免双重征税协议。境内投资基金超过 580 支，基金总值 1 000 亿欧元，金融服务业从业人员占总劳动力比重约 5.3%，金融企业超过 6.5 万家，2019 年金融保险业产值 6.57 亿欧元，约占 GDP 的 5%。[3]

---

[1] 商务部国际贸易经济合作研究院，中国驻马耳他大使馆经济商务处，商务部对外投资和经济合作司. 对外投资合作国别（地区）指南：马耳他（2021 年版）[EB/OL].（2022-01-01）[2022-12-01]. http://www.mofcom.gov.cn/dl/gbdqzn/upload/maerta.pdf.

[2] 商务部国际贸易经济合作研究院，中国驻马耳他大使馆经济商务处，商务部对外投资和经济合作司. 对外投资合作国别（地区）指南：马耳他（2021 年版）[EB/OL].（2022-01-01）[2022-12-01]. http://www.mofcom.gov.cn/dl/gbdqzn/upload/maerta.pdf.

[3] 商务部国际贸易经济合作研究院，中国驻马耳他大使馆经济商务处，商务部对外投资和经济合作司. 对外投资合作国别（地区）指南：马耳他（2021 年版）[EB/OL].（2022-01-01）[2022-12-01]. http://www.mofcom.gov.cn/dl/gbdqzn/upload/maerta.pdf.

（六）电信业及数字化情况

截至2016年年底，马耳他移动电话普及率超过100%，互联网普及率超过80%，高于欧盟76%的平均水平。2018年，马耳他出口电信设备1 165.7万美元，进口电信设备4 958.7万美元。马耳他85%的人口每周至少使用一次互联网，与欧盟平均水平一致。然而，从未使用过互联网的人口比例（13%）高于欧盟平均水平。马耳他互联网用户从事广泛的在线活动，包括学习在线课程。2020年新冠肺炎疫情暴发一定程度上促进了在线活动的发展，包括在线教育活动。马耳他41%的企业具有很高或非常高的数字化水平，远高于欧盟26%的平均水平。[1]

（七）绿色产业

根据欧盟发布的生态创新指数报告，2019年马耳他生态创新指数排名第21位，综合指数为73，低于欧盟平均水平，生态创新投入和社会经济成果明显滞后。马耳他生态产业规模较小，环境保护和资源管理活动产生的营业额低于欧盟平均水平。2017年，马耳他生态产业的就业人数占总就业人数的0.74%，较之2016年的0.14%有大幅提高，但低于欧盟1.74%的平均水平。[2]

---

[1] 商务部国际贸易经济合作研究院，中国驻马耳他大使馆经济商务处，商务部对外投资和经济合作司. 对外投资合作国别（地区）指南：马耳他（2021年版）[EB/OL].（2022-01-01）[2022-12-01]. http://www.mofcom.gov.cn/dl/gbdqzn/upload/maerta.pdf.

[2] 商务部国际贸易经济合作研究院，中国驻马耳他大使馆经济商务处，商务部对外投资和经济合作司. 对外投资合作国别（地区）指南：马耳他（2021年版）[EB/OL].（2022-01-01）[2022-12-01]. http://www.mofcom.gov.cn/dl/gbdqzn/upload/maerta.pdf.

五、对外贸易

马耳他是世贸组织创始成员之一。马耳他的对外贸易长期逆差。欧盟一直保持着马耳他最大贸易伙伴的地位，占对外贸易额的近四分之三。马耳他主要进口矿物燃料、原油和石油产品、电子产品、机械、塑料和其他半制成品、药物、日用消费品、飞机及航天器配件、车辆及零部件、食品、原材料等，主要进口来源地为意大利、英国、德国、法国等。主要出口电子、机器和机械装备、玩具、书籍、运动器材等，主要出口目的地为德国、法国、英国、意大利等。2020年，马货物贸易进出口总额为84.04亿欧元，其中进口额为52.82亿欧元，出口额为31.22亿欧元，贸易逆差21.6亿欧元。2021年上半年，马货物贸易进口额为28.3亿欧元，出口额为15.2亿欧元，贸易逆差13.1亿欧元。[1]

马耳他作为欧盟成员，签署了中欧地理标志协定、中欧全面投资协定等区域性协定。1997年，中马两国签署《贸易和经济合作协定》，确立了经贸混委会制度，自此中马两国经贸关系一直保持着良好的发展势头。2011年，马耳他-中国商会成立。2014年7月，马总理穆斯卡特来华期间，中马双方签署《中马政府中期合作规划谅解备忘录》。2015年4月，马申请加入亚洲基础设施投资银行，并于2016年1月成为亚投行创始成员国。2018年9月，马外长阿贝拉访华并与中方共同主持召开中马中期合作规划指导委员会首次会议，双方签署《中华人民共和国政府与马耳他共和国政府中期合作规划指导委员会首次会议纪要》。2018年11月，马总理穆斯卡特访华期间，中马签署《中华人民共和国政府与马耳他共和国政府关于共同推进丝绸之路经济带和21世纪海上丝绸之路建设的谅解备忘录》。2019年4月，马能源与水利部部长米齐来华出席第二届"一带一路"国际合作高峰论坛

---

[1] 中华人民共和国驻马耳他共和国大使馆. 马耳他国家概况 [EB/OL]. （2022-01-01）[2022-12-01]. http://mt.china-embassy.gov.cn/chn/metgk/201701/t20170113_9837854.htm.

分论坛。2019年11月，马外交与贸易部部长阿贝拉率团来华出席第二届中国国际进口博览会。

2021年，中马双边贸易额达177.7亿元人民币，同比增长45.7%，其中中国对马耳他出口142.0亿元人民币，同比增长49.2%，自马进口35.7亿元人民币，同比增长33.4%。2022年1—6月，中马双边贸易额为13.2亿美元，同比增长46.8%。其中中国对马耳他出口10.5亿美元，同比增长62.9%，自马进口2.7亿美元，同比增长62.9%。中马双向投资规模有限，截至2022年6月，马在华投资存量8 137万美元，中国对马投资存量1.8亿美元。[1]

六、人民生活

马耳他实施高福利政策，推行免费教育、免费医疗、住房补贴及养老金制度。马耳他工资水平在欧盟国家中属于中等水平，但物价水平总体高于欧盟国家。2021年，马耳他最低工资标准（18岁及以上）为181.08欧元/周。马耳他物价水平总体保持稳定，2021年3月，商品零售价格指数为0.4%。[2]

马耳他提供公费医疗且历史悠久，具有覆盖面广、层层递进的特点，既有由政府提供医疗保健服务的公立医疗系统，也有由私人投资设立的私立医疗保健系统。马耳他拥有强大的全科家庭医生队伍，为所有国民提供初级医疗保健服务，而公立医院则主要为由家庭医生转介的病人提供二级

---

[1] 中华人民共和国外交部. 中国同马耳他的关系 [EB/OL].（2022-01-01）[2022-12-01]. https://www.fmprc.gov.cn/web/gjhdq_676201/gj_676203/oz_678770/1206_679450/sbgx_679454/.

[2] 商务部国际贸易经济合作研究院，中国驻马耳他大使馆经济商务处，商务部对外投资和经济合作司. 对外投资合作国别（地区）指南：马耳他（2021年版）[EB/OL].（2022-01-01）[2022-12-01]. http://www.mofcom.gov.cn/dl/gbdqzn/upload/maerta.pdf.

和三级的医疗护理服务。除此之外马耳他还拥有众多的医疗卫生志愿组织，如阿尔法医学会、紧急消防及救援单位、圣约翰救伤队及红十字会等，为马耳他居民提供急救及护理服务。居民每年缴纳 200 欧元左右的医疗保险，可在各大公立医院免费享受绝大多数医疗服务。其医疗卫生系统在世界卫生组织的医疗标准排名中位列全球第 5 位。

2019 年，马耳他政府医疗卫生总支出 7.35 亿欧元，占政府支出的 14.7%，占 GDP 的 5.5%。主要包括医疗产品、器械支出 7 726.8 万欧元，门诊服务支出 12 385.9 万欧元，住院服务支出 49 287.2 万欧元等。2018 年，平均每万人拥有医生 40 人、护士 79 人。2019 年预期寿命为男性 81.2 岁，女性 84.6 岁，总体预期寿命 83 岁。当地无高发传染病。[1]

七、新闻出版

马耳他主要有 4 份报纸，马耳他文和英文各 2 份。最大报纸为《时报》和《独立报》。周刊有《商务周刊》。

马耳他广播事务管理局成立于 1961 年 9 月，负责对马本地所有广播电视运营进行监督管理。马耳他公共广播服务有限公司成立于 1991 年 9 月，负责广播电视行业监管审查。马耳他新闻局隶属总理府，统管政府新闻政策和各类新闻媒体。马耳他有 4 家电视台，以马耳他语节目为主，会插播英语节目。当地有线电视播出的节目以外国电视台节目为主。马耳他电视台为国家电视台，1962 年开始播放电视节目，由马耳他公共广播服务有限公司经营。国民党和工党分别开设各自电视台 Net TV 和 One TV。私营

---

[1] 商务部国际贸易经济合作研究院，中国驻马耳他大使馆经济商务处，商务部对外投资和经济合作司. 对外投资合作国别（地区）指南：马耳他（2021 年版）[EB/OL]. （2022-01-01）[2022-12-01]. http://www.mofcom.gov.cn/dl/gbdqzn/upload/maerta.pdf.

有线电视台以播放娱乐性节目为主。另有教育台 Education 22 和电视购物台 ITV。

八、体育运动

马耳他人热爱运动。足球是马耳他最受欢迎的体育运动，也是马耳他最古老的运动之一，大多数的足球赛事都是在马耳他国家体育场——达哥利体育场举办的。橄榄球是另一项风靡马耳他的体育运动。马耳他国家男子橄榄球队——马耳他骑士队曾经击败过如瑞典队、克罗地亚队和拉脱维亚队等一流强队。水球运动在马耳他也很受欢迎。马耳他国家水球队曾取得过一些重要成绩，并 2 次参加奥运会。

攀岩和水上运动也是马耳他人热衷的运动。整个马耳他拥有超过 1 200 条攀岩线路。帆板运动和尾波滑水运动也比较流行。

第二章 文化传统

第一节 历史沿革

马耳他拥有悠久而丰富的历史和文化，由于马耳他地处地中海的中心位置，自古以来都是兵家必争之地。这片岛屿在历史上曾有过许多统治者，其中既有马耳他的邻国，也有来自欧亚大陆的其他势力，这些不同时代的统治者都在马耳他的历史和文化中留下了特定的印记。当代马耳他文化非常丰富多元，不同外来文化的长期交融形成了马耳他独特的传统、信仰和习俗。

一、史前时期

在公元前 5200 年左右，已经有人类从西西里岛来到马耳他岛定居，他们会使用一些简单的木制和石制工具，主要从事农耕工作。他们在史前时期建造的巨石神庙和一些地下宫殿建筑遗留至今，是世界上现存的最古老的建筑群之一，更是马耳他引以为豪的古老的文化符号。在马耳他现有的三处世界文化遗产中，有两处都是史前时期的遗迹，分别是哈尔·萨夫列尼地下宫殿和马耳他巨石庙。

二、腓尼基人和罗马人统治时期

在公元前 10—8 世纪时，主要从事航海和贸易的腓尼基人来到马耳他，并给诸岛屿命名。公元前 480 年，腓尼基人建立的迦太基帝国统治了马耳他。公元前 218 年，罗马人掌握了马耳他的统治权。在罗马人统治下，马耳他蓬勃发展，以蜂蜜生产和造船业闻名于世。4 世纪，罗马帝国一分为二，马耳他归东罗马帝国管辖。5 世纪，马耳他被汪达尔人和东哥特人攻占，后于 533 年被东罗马帝国夺回并一直统治到 870 年。

三、中世纪时期

870 年，马耳他被阿拉伯人征服。阿拉伯人的统治持续了 200 年，阿拉伯文化对马耳他文化的影响很大，马耳他语即来源于阿拉伯语。

1091 年，西西里岛上的诺曼人入侵马耳他岛，结束了阿拉伯人的统治，马耳他成为西西里王国的一部分。在这一时期，基督教文化对马耳他产生了较大的影响。1266 年，马耳他和西西里岛都被法国人占领，但不久，来自西班牙的阿拉贡人又打败法国人，占领了马耳他。

四、近代时期

1412 年，马耳他的统治权落入了西班牙卡斯蒂亚王国手中，在阿拉贡和卡斯蒂亚王国统一后，马耳他成为盛极一时的西班牙帝国的一部分。1530 年，西班牙国王查理五世将马耳他赐予了圣约翰骑士团。圣约翰骑士团，又名医院骑士团。成立初期，骑士团只是一个慈善组织，后来发展为军事修会，以武力保护朝圣者免受异教徒的攻击，并成为耶路撒冷王国的一支重要军事力量。骑士团由一位大团长统治，并由教士会议和八位法官协助。医院骑士团的口号是"守护信仰，扶危救难"。医院骑士团最初的标志是黑底白色的八角十字，从13世纪中期开始则普遍使用红底白色的八角十字，这种八角十字也被称为"马耳他十字"。

骑士团在马耳他一共统治了268年，对马耳他的历史与文化产生了重大影响，也留下了深刻印记。1565年5—9月，奥斯曼帝国军队对马耳他岛发起包围和攻击，史称"马耳他大围攻"。马耳他大围攻是16世纪最激烈的战斗之一。在骑士团第六任大团长让·德·瓦莱特的领导下，骑士团打破了奥斯曼帝国军队不可战胜的神话，并阻止了他们继续向西地中海进军。在击退奥斯曼帝国军队的第二年，马耳他兴建了以骑士团大团长的名字命名的瓦莱塔城，即今天马耳他的首都瓦莱塔。[1]

为加强马耳他的防卫能力，骑士团在岛上开展了大规模的军事工程和城市建设，他们修建的宫殿、教堂、堡垒、花园成为今天马耳他重要的建筑文化遗产。骑士团在医学方面也做出了重大贡献。他们兴建的瓦莱塔神圣传染病医院是当时世界上最好的医院之一。他们还先后建立了一所解剖学学校和一所医学院。骑士团对眼科与药理学的发展也起到了重要的推动作用。[2]

骑士团统治时期是马耳他艺术史上的一个黄金时代，使马耳他成为17—18世纪欧洲文化活动的重要场所。意大利画家卡拉瓦乔、马蒂亚·普雷蒂和法国画家安托万·德·法夫雷等艺术家受雇于骑士团，为马耳他群岛的教堂和宫殿创作了精美的艺术作品，也为马耳他的艺术和文化发展提供了新的动力。

1798年，由于马耳他重要的战略位置，拿破仑的军队在远征埃及的过

---

[1] 资料来源于大英百科全书官网。
[2] 资料来源于马耳他骑士团官网。

程中占领了马耳他。骑士团败给了拿破仑的军队,被迫撤离马耳他。拿破仑的军队最初受到马耳他人的欢迎,但是法国统治者随后在马耳他开展了激进的改革,使贵族和普通民众都感到非常不满。法国占领马耳他3个月后,马耳他人开始进行反抗。1800年,在英国的帮助下,马耳他人赶走了法国人。这也标志着英国统治时期的开始。

五、英国统治时期

英国统治时期是马耳他历史上一个非常重要的时期。在这个时期,马耳他经历了两次世界大战,并最终实现了国家独立。1802年,英法两国签订了《亚眠和约》,同意让圣约翰骑士团返回马耳他驻地,但骑士团并没有重新获得统治权。马耳他随后成为英国的保护国。1814年,英国通过《巴黎条约》获得马耳他群岛的统治权。自此以后,马耳他成为大英帝国的组成部分,以及英国人的重要海军基地和地中海舰队总部。然而,马耳他人在政府中并没有发言权,为了获得应有的权利,他们在1919年举行了起义。1921年,英国人允许马耳他人制定自己的宪法、选举自己的总理,但马耳他陷入了政治动乱,最终大量马耳他人移民国外。

在两次世界大战中,马耳他在地中海战区发挥了关键作用。在第一次世界大战期间,作为供应站和伤病员的治疗基地,马耳他每星期接受200名伤病员,获得了"地中海护士"的称号。第二次世界大战期间,马耳他遭到3 340多次袭击,26 000多次空袭,导致1 468人死亡,3 720人受伤,35 000间房屋被毁,50 000人无家可归。[1] 由于马耳他人民在抗击轴心国战

---

[1] 赵桥梁,李国红. 马耳他:地中海的璀璨明珠[M]. 北京:社会科学文献出版社,2018:23.

争中的英勇表现，英国国王乔治六世授予他们乔治十字勋章，也就是出现在马耳他国旗和国徽上的那枚十字勋章。1947 年，马耳他获得一定程度的自治权。

大英帝国对马耳他的统治长达 164 年，使马耳他的行政、商业、法律和教育体系都受到英国的深刻影响。英语至今仍是与马耳他语并列的官方语言。马耳他人的日常生活也受到英国的影响，例如，马耳他的汽车都是右舵左行，首都瓦莱塔的街头随处可见英式商店和咖啡馆，马耳他人的饮食也融入了英国元素。在当地酒吧和咖啡厅都可以吃到英式早餐和午餐。

六、现代时期

二战后，在全世界的民族独立运动中，沦为英国殖民地一个多世纪的马耳他也于 1964 年 9 月 21 日宣布独立。马耳他独立后继续沿用英国的行政、教育和立法制度。1966 年，马耳他举行了独立后的首次大选，国民党获胜并上台执政。1974 年 12 月 13 日，马耳他通过《宪法修正案》，改君主立宪制为共和国制，采用议会内阁制政体，成为马耳他共和国，总统为国家元首。马耳他共和国首任总统为安东尼·约瑟夫·马莫（1974—1976 年在任）。1979 年 3 月 31 日，英国从马耳他军事基地撤出。20 世纪 60 年代以前，为英国军港提供服务和造船业是马耳他经济收入的主要来源。在摆脱了英国统治后，马耳他逐步找到了适合本国的经济发展道路，如发展服务业、旅游业，还有近年来马耳他政府大力推动发展的数字经济行业。

第二节 风土人情

一、饮食

马耳他位于南欧、中东和北非之间，其饮食习惯融合了这三大洲的传统特色。马耳他距离意大利最近，其饮食结构也与意大利近似。意大利通心粉和比萨都是马耳他家庭食谱中的重要组成部分。马耳他人的饮食习惯与欧洲大陆类似，一般早餐包括牛奶、面包和鸡蛋，中午通常在工作场所吃一顿简单的午餐，晚上下班后会饱餐一顿。

马耳他菜肴是几个世纪以来岛上居民与来马耳他定居的外来者在烹调习惯上互相影响的结果，这种结合使马耳他菜混合了地中海周围各地的饮食口味。在马耳他可以吃到意大利、突尼斯和英国风味的菜肴，这些菜肴的做法还受到埃及菜肴的影响。在吸收外来菜式烹饪方法精华的同时，马耳他菜肴也保留了传统的本土特色，如杏仁糖果、西红柿浓酱拌面、炖兔肉和烤鱼等马耳他特色美食都保留了浓郁的本土特色。

炖兔肉是马耳他的传统美食。在圣约翰骑士团统治期间，狩猎是骑士们才享有的特权，普通民众只有在每年丰收节这一天可以狩猎并食用兔肉。18世纪末，拿破仑率领法国军队占领马耳他，驱逐了骑士团，废除了狩猎禁令，从此，炖兔肉便成了马耳他普通人家餐桌上的一道名菜。炖兔肉的制作方法是将大块兔肉先用葡萄酒、月桂叶和各种调料做成的调味汁腌制，将兔肉炖熟后，再加入大蒜、丁香等佐料，最后再倒入红葡萄酒，等兔肉煨成红褐色时即可出锅。烹制好的兔肉色泽明亮，肉质酥软适中，酒香浓郁，是到访马耳他的游客必须要品尝的一道美食。

马耳他特色烧烤，又称老式烧烤，一般是烤牛肉或烤猪肉（复活节时烤小羊肉）。制作方法是先把肉放在一个涂满油的大盘子里，周围铺上大片的土豆和洋葱，撒上大把的盐粒、胡椒等，并淋上适量的油。在盘子里注满高汤，然后放到烤箱里用文火慢慢地烤。随着高汤的蒸发，土豆和洋葱的香味也会渗到肉里去。

马耳他的鱼肉菜也是有名的美味佳肴。马耳他水域有丰富的鱼类，如金枪鱼、剑鱼、鲈鱼、鳐鱼等，此外还有著名的蓝普卡鱼。马耳他渔民至今还沿用罗马时代的捕鱼方法捕获蓝普卡鱼。每到捕鱼季节，渔民们就从岛上的棕榈树上砍下较大的叶子，将其编成筏子，把筏子推到海上漂浮着，蓝普卡鱼发现这些避荫处便纷纷游到筏子下面，渔民们就迅速撒网把它们全部捕捞上来。马耳他人根据捕获的鱼的大小选择烹饪方式，或油炸或烧烤。蓝普卡鱼的皮光滑漂亮，鱼肉白色，味道独特。马耳他人用蓝普卡鱼加菜花、青豆、土豆等做成馅，包在薄饼中烤制，就成了当地有名的蓝普卡鱼馅饼。

橄榄油面包是深受马耳他人喜爱的一种特色点心，制作方法是将脆皮面包切成两片，浸上橄榄油，夹上西红柿片、刺山柑、橄榄、蒜蓉，再撒上一些黑胡椒末和盐。廷帕纳、马夸伦费尔芬是两种非常可口的烤制面食，它们都是用通心粉夹肉、鸡蛋和干酪制成的，廷帕纳还有一层酥脆的面皮。塔加也是一种马耳他传统美食，它是一种加料的面包，或混合马耳他传统香料。此外还有马耳他的经典小吃奶酪脆皮点心等。

马耳他的啤酒质量一流，当地有一种非常经典的啤酒叫作太子啤酒。每年 7 月底，马耳他会举行国际美食和啤酒节，吸引大量游客光临。

马耳他岛生产葡萄酒的历史可以追溯到 2000 多年前的腓尼基时期。20 世纪初，玛索文和伊曼纽尔·戴利卡塔酒厂成立后，马耳他的葡萄酒品牌和产业发展初具规模。到 20 世纪 70 年代，马耳他开始引进种植国际著名的葡萄品种，提升了葡萄酒的品质，也推动了葡萄酒产业的发展。意大利或者法国葡萄是马耳他酿造葡萄酒的主要原料，经过独特工艺加工的葡萄酒具有浓郁的地方特色和醇厚口感。每年 8 月中旬，马耳他会举办 Delicata

传统葡萄酒节。

马耳他生产蜂蜜的历史非常悠久，以养蜂闻名的古罗马人在马耳他留下了许多养蜂场。马耳他有3个蜂蜜收获季节，春季、夏季和秋季。马耳他岛气候温暖，一年中大部分时间蜜蜂都可以觅食。马耳他的天然优质蜂蜜深受当地居民和游客青睐。

二、民居

因为马耳他政府规定不得修建高楼，所以岛上普通民居多为二层别墅式楼房，虽无高楼大厦的宏伟亮丽，却显出一种从容不迫的姿态。民居通常光线充足，通风良好，由本岛产的1.5米长、0.5米宽的石块垒砌而成。这些石块在刚开采出来时质地比较软，可砍可锯，加工起来非常方便，但经过一段时间风化后会变得相当坚硬，是理想的建筑材料。用这种石块建造的房屋墙壁都比较厚，可使室内冬暖夏凉。[1]

三、风俗习惯

马耳他人业余时间喜爱户外活动，海边是居民主要活动场所，人们或钓鱼，或野餐。

在马耳他还有一种类似中国的"抓周"的习俗。孩子一周岁时会举办家庭聚会，把许多小物品放在一个盘子里，比如顶针、钢笔、书籍、念珠、鸡蛋和钱币等，由孩子随意挑选。所抓物品通常能预示孩子将来可能从事

---

[1] 蔡雅洁. 马耳他[M]. 北京：社会科学文献出版社，2018：263-264.

的职业，如裁缝、官吏、牧师、农夫、银行家等。现在，这种风俗更多地成为人们聚会的一种理由。

马耳他人讲究宗教礼仪与礼节，反对堕胎，倡导慈善，爱护动物。游客须注意尊重当地人的宗教信仰，出入宗教场所时须注意着装，切忌大声喧哗，不要伤害猫、狗等动物。

马耳他人在社交场合衣着整齐、得体；与客人相见时，要与客人一一握手，并报出自己的名字；亲朋好友之间相见，习惯施礼。马耳他人饮食以西餐为主。无论在正式宴会还是在非正式聚会上，都要祝酒。马耳他年轻人婚前基本与父母共同生活，婚后分住，但亲属之间关系较为密切。在马耳他，想与对方见面必须预约，贸然到访属于不礼貌行为，甚至会被拒绝见面。人们见面交谈忌讳打探个人收入、年龄、宗教信仰、情感等隐私。[1]

四、节假日

马耳他实行5天工作制。每周一至周五是工作日，周六、周日为公休日。

马耳他宗教节日和公共假日较多。除国家法定假日外，还有地域性的、具有民间色彩的和全国一般性的节日。法定假日包括：1月1日，新年；2月10日，圣保罗海难纪念日；3月19日，圣约瑟夫纪念日；3月31日，自由日；5月1日，劳动节；6月7日，1919年独立运动纪念日；6月29日，圣彼得和圣保罗节；8月15日，圣母升天节；9月8日，维多利亚圣母节；

---

[1] 商务部国际贸易经济合作研究院，中国驻马耳他大使馆经济商务处，商务部对外投资和经济合作司. 对外投资合作国别（地区）指南：马耳他（2021年版）[EB/OL]. （2022-01-01）[2022-12-01]. http://www.mofcom.gov.cn/dl/gbdqzn/upload/maerta.pdf.

9月21日,独立日;12月8日,圣灵怀胎节;12月13日,共和国节;12月25日,圣诞节。此外3月或4月某日(具体日期不定)为耶稣受难节。

其中,圣诞节和耶稣受难节是最重要的节日。圣诞节时,家家喜气洋洋置办彩灯,亲朋好友也都互相拜访。耶稣受难节则是另一番景象,虽然大街上都有五光十色的露天表演,但气氛庄严肃穆。许多村落都要列队游行以纪念耶稣受难。游行队伍举着耶稣遇难的塑像,缓缓行进在教区的街道上,达数小时之久。[1]

第三节 文化名人

一、敦·卡姆·普塞拉

敦·卡姆·普塞拉(1871—1961)是马耳他诗人,牧师,也是马耳他国歌歌词的创作者。1871年,普塞拉出生于戈佐岛。1885—1894年,他在神学院学习,1894年成为一名牧师,并担任神学院讲师和教区文法学校教师。他从1921年开始担任国家图书馆副馆长,直至1936年退休。1945年,基于对马耳他民族文学的重要贡献,普塞拉被授予马耳他大学文学博士,并于1956年被授予大英帝国勋章。

普塞拉有"马耳他的吟游诗人"和"马耳他的乔叟"之美誉。他的作品融合了浪漫主义和古典主义风格,充满了对自然和祖国的热爱,以及浪漫主义的宗教情怀,而对传统诗歌(尤以十四行诗为代表)韵律的钟情又展现了他古典主义风格的一面。他的文学作品影响了马耳他几代作家,并

---

[1] 蔡雅洁. 马耳他[M]. 北京:社会科学文献出版社,2018:22-23.

对 1934 年马耳他语被确定为官方语言做出了重要贡献。他的作品已被翻译为英语、法语、阿拉伯语和世界语。如今，他位于瓦莱塔的故居是一个值得参观的文化旅游景点。

二、鲁扎尔·布里法

鲁扎尔·布里法（1906—1963）是马耳他诗人和皮肤病学家。布里法的诗享有"语言简练、小中见大"的美誉。鲁扎尔·布里法在马耳他大学医学专业学习，并在英国伦敦完成了性病学以及皮肤学的学习，最终成为皮肤病领域的专家。他因谦逊和热心地对待病患，尤其是麻风病患者而闻名。他从治疗麻风病人的经历中获得了诗歌创作的灵感，他的诗歌常常表达对人类遭受痛苦的悲伤之情，以及试图使麻风病患者恢复容貌的愿望。他曾说："诗歌就应该致力于直达一个人的内心，即使只能到达那里一次，诗歌也就达到了高潮"。

1931 年，布里法与其友古泽·波尼奇共同创立了马耳他大学协会。该协会是一个代表中学生和大学生的学生组织，同时也为对马耳他语感兴趣的人提供了空间。每年，该组织都会出版杂志《马耳他之声》。这本杂志至今仍在出版发行。

马耳他小镇莫斯塔有一条道路以布里法的名字命名。

三、安东·布蒂吉格

安东·布蒂吉格（1912—1983）不仅是一位杰出的政治活动家，也是一位富有才华的诗人。他 1940 年毕业于马耳他大学。第二次世界大战结束后，他积极从事政治活动，为马耳他的独立而奔走，担任过马耳他工党的代理主席。马耳他共和国成立后，曾担任第二任总统（1976—1981年在任）。

布蒂吉格在大学期间就是"马耳他语学会"的创建者之一。他也是马耳他语学院院士。他一生中获得过多个文学奖项，包括马耳他政府"诗歌奖"（1971年）和"马耳他文学奖"（1979年）等。

布蒂吉格用马耳他语写作优美清丽的诗歌，描绘了马耳他美丽的自然风景，抒发了马耳他人民对自由的渴望和自己忧国忧民的深沉感情。他的诗歌为马耳他民族文学的发展做出了卓越的贡献。他的诗集《燃灯者》虽然只收集了58首小诗，但是内容丰富，风格清新，既反映了一位政治活动家的宽广胸怀，也表现了一位诗人瑰丽的想象力和充沛的感情。我国著名作家冰心从英译本转译了这本诗集，这是有史以来第一次在中国出版的马耳他文学作品。布蒂吉格善于运用各种诗歌形式，包括民谣、十四行诗、自由诗，甚至日本的俳句，并且吸收各国诗歌语言的表现方式，包括拉丁诗和中国古诗，结合马耳他民间诗歌的传统，锻冶成他自己的具有创造性的诗歌语言。[1]

四、马利亚·卡尔迈尔

马利亚·卡尔迈尔是马耳他当代著名诗人、散文家和翻译家，曾任马耳他公共卫生视察员。他于1960年学习了世界语，曾撰写著作介绍马耳他的世界语运动史。他是马耳他世界语协会的创始人和会长，还是世界语作家协会的创始成员，曾编写了供马耳他语学习者使用的世界语教材。

---

[1] 王央乐. 燃灯者的优美歌声[J]. 读书, 1982（1）: 1.

卡尔迈尔曾获国内国际多个世界语文学奖项。他著有诗集《对比》（1980年）、《怪诞的烟火》（1981年）和《牵线木偶》（1999年）。他的《放飞的思绪》等诗被收入苏格兰诗人威廉·奥尔德编写的《文学作品选（诗歌卷）》（1984年）。卡尔迈尔的首部小说《彩虹未来》于2000年出版，小说讲述的是一个发生在第二次世界大战期间的爱与背叛的故事。

五、奥利弗·弗里吉里

奥利弗·弗里吉里（1947—2020）是马耳他诗人、小说家、文学评论家和哲学家。他是法国巴黎国际文学评论协会的成员，在马耳他大学任教期间主导创立了马耳他语文学史及文学批评学科。他不仅从事文学研究，而且也是一位多产作家，出版的作品包括文学词典、清唱剧、康塔塔[1]、文学批评、文学传记和诗歌选集。他的作品被翻译成16种语言，包括英语、法语、德语、意大利语和希腊语。他尝试利用新的文学体裁推广马耳他语，并为第一部马耳他语清唱剧《马耳他的保罗》（1989年）和康塔塔《马耳他之歌》（1989年）作词。弗里吉里在翻译方面也颇有成就，他将英语、意大利语和拉丁语的作品翻译成马耳他语，还将欧盟法律文本翻译成马耳他语。

弗里吉里的作品旨在加强对马耳他文化的认同，致力于倡导马耳他语文学，同时也毫不避讳地针砭时弊，他最知名的小说之一《议会无花影》（1986年）就因毫不掩饰地抨击政治部落主义而备受争议。

弗里吉里于2016年获得"马耳他学院贡献奖"金奖，并多次获得马耳他国家图书奖。弗里吉里的文学作品对马耳他的大众文化也有影响，他的

---
[1] 康塔塔通常为宗教题材的短小音乐作品，由独唱演员演唱，常有合唱和管弦乐队伴奏。

诗《如果》中的诗句印在马耳他的一些公共汽车的候车亭。这首诗被人们戏称为"候车亭的诗"。

2018年，马耳他乐队The Travelers发行了歌曲《大家在一起》，这首歌的歌词也包含节选自《如果》的诗句。

弗里吉里于2020年11月21日去世。马耳他政府于11月25日为他举行了国葬。马耳他政府发表的声明中称他为"马耳他最伟大的作家之一"，并指出他的作品加强了国家身份的认同感，他对艺术、研究和哲学的热爱将激励一代又一代的马耳他人。

六、伊曼纽尔·米夫萨德

伊曼纽尔·米夫萨德是马耳他当代诗人和作家，拥有马耳他大学的文学博士学位，并在大学教授马耳他当代文学与戏剧。他曾荣获多个奖项，包括马耳他国家散文奖、马耳他国家诗歌奖和欧盟文学奖。值得一提的是，他是马耳他首位荣获欧盟文学奖的作家。2014年，他获得马耳他共和国国家功绩勋章。米夫萨德是一名高产的作家，出版过6部短篇小说集、6部诗集，还有儿童故事，他的多部作品都已被译成多种语言出版。

七、皮埃尔·J. 梅杰拉克

皮埃尔·J. 梅杰拉克是马耳他当代青年小说家。他的第一部短篇小说集《我正在等待你落下雨》于2009年2月出版，广受好评。第二部作品集《夜让你说》于2011年6月出版，该书获奖后先后被翻译为英语、阿尔巴尼亚语、挪威语、波兰语、土耳其语和保加利亚语等出版，并在欧洲和中东各地的众多文学节上被阅读和展示。2014 年，他凭借《夜让你说》获得欧盟文学奖。他的获奖小说《南风》已被马耳他 Net TV 电视台拍摄为 13 集电视连续剧。梅杰拉克曾获得马耳他文学奖、马耳他国家图书奖、英联邦散文写作奖、欧洲短篇小说奖等诸多奖项。

第三章 教育历史

第一节 历史沿革

一、起源至骑士团时期

马耳他教育的起源可以追溯到阿拉伯人统治时期（870—1090年）。阿拉伯人对马耳他人影响最大的就是语言。马耳他语是唯一用罗马字母书写的闪米特语言。

中世纪宗教团体的到来给马耳他带来了新的教育形式，即宗教教育。教会人士常担任富裕家庭的家庭教师，或开办拉丁语、意大利语和识数课。这些构成了马耳他早期的教育形式。

马耳他的正式教育体系形成于中世纪。1592年，耶稣会在瓦莱塔建立了梅利滕斯学院，这是马耳他大学的前身。学院最初位于瓦莱塔的一座老建筑里，这座建筑现在被称为老大学大楼或马耳他大学瓦莱塔校区。

梅利滕斯学院的重要目标之一是培养神职人员。学院成立伊始，只教授文法课和人文课，到了17世纪，课程拓展到其他学科领域。1615年和1622年，学院分别开始教授神学和逻辑学。1655年，骑士团大团长乔瓦尼·保罗·拉斯卡里斯设立了数学教席。到17世纪末，哲学和经院哲学也已成为常设课程。1727年，骑士团大团长安东尼奥·马诺埃尔·德·维尔赫纳颁布敕令，给予学院大学地位。学院在获得大学地位后开始颁发哲学和神学的硕士和博士学位，还在1741年设立了大学预备班。

随着学院授课范围的不断扩展，招收的学生人数也不断增加。1622年，有34名学生修习逻辑课，而到了1630—1631学年则超过100名学生。1658年，有97名学生学习人文课程，而到1706年，学生已经超过400名。17世纪时，学院对学生在校表现有严格规定，他们必须穿着朴素，除了周四和周日可以说意大利语和马耳他语以外，其他时间只能说拉丁语。除了上课以外，学生每天还要参加合唱练习和祷告活动。在每学年结束之际，学生还要公开展示自己的学业成就。

1768年，骑士团大团长曼努埃尔·平托·达丰塞卡下令关闭学院，将学院职员中的耶稣会士送去罗马附近的奇维塔韦基亚。他们的财产被圣约翰骑士团的财库接管，但平托并不打算完全停办学院，因此学院仍然保留了一些临时工作人员继续授课。1769年11月，平托签署敕令，在原学院的基础上成立公立通用研究大学，也就是后来的马耳他大学。

在圣约翰骑士团统治期间，马耳他的艺术教育蓬勃发展。在语言、航海、会计、音乐、修辞学、哲学和其他许多学科领域都有不少私人教师。贵族和富人热衷于学习欧洲文化和科学知识。尽管自16世纪以来，马耳他的教育取得了长足发展，但教育对象主要是精英阶层，穷人几乎没有任何接受教育的机会。马耳他的大众教育发展水平落后于同时代欧洲的总体水平。直至18世纪，马耳他的普通民众仍陷于蒙昧状态。1798年，拿破仑率领法军占领马耳他后，在马耳他停留了6日。在此期间，他下令在全岛建设小学。其实，早在两年前，马耳他的著名知识分子米基尔·安东·瓦萨里就在法国启蒙运动的激励下提出了普遍发展初等教育的想法。但是不久之后，英国从法国手中夺取了马耳他的统治权，拿破仑实施的许多改革措施也随之偃旗息鼓。

二、英国统治时期

英国统治者在占领马耳他群岛后的首要目标就是采取各种手段让马耳他人更亲近英国皇室。因此，马耳他教育体系的发展在19世纪上半叶几乎陷于停滞。马耳他现代教育体系的基础是在1850年奠定的。当时，保罗·普利契诺被英国政府任命为马耳他的初级学校主任，他上任后大力推动马耳他的大众教育。他建立了第一所成人夜校，在乡村中开办了几所小学。他所创办的学校至今仍然存在。除此以外，他还确立了全国统一的教师培训体系，内容包括在"样板学校"实习试讲和赴欧洲各国学习实践等。但是由于复杂的语言和文化背景，大众教育的推广在马耳他进展缓慢。一方面，英国统治者试图利用学校推行英语，使殖民地英国化；而另一方面，反对改革的保守派精英们推崇意大利文化，拒绝教育大众化，因为他们认为教育普及化将会加大社会流动性，动摇精英统治的基础。由于不同势力之间的争斗，大众义务教育体系始终没有建立起来。

1878年，彭罗斯·朱利安和帕特里克·基南的报告促进了马耳他教育体系的变革。报告中建议使用英语教授意大利语。虽然它也鼓励在小学使用和教授马耳他语，但是，英语还是成为中学和中学后教育的教学语言。

教育普及化运动的势头在19、20世纪之交不断加强。1924年颁布的《义务入学法案》要求接受初等教育者必须完成该阶段教育。1946年颁行的《义务教育法令》确立了6—14岁的所有儿童接受初等教育的权利和义务。

三、共和国时期

1964年马耳他实现独立后，努力发展教育事业。为减少英国和教会势力对教育系统的控制，马耳他政府对教育部门进行了改革，包括设立各种学校，逐步取消学校里的宗教课，大学实行半工半读制等。1970 年，马耳他普及了中等教育，一开始是效仿英国的三分模式，后来又引入了其他模式，但这些教育模式并没有得到教师和家长的认可。其中有一项旨在保证所有学生无论家庭背景如何都有平等受教育机会的改革措施导致天主教会不得不取消教会学校的学费，录取方式则采取抽签的方式。还有一些更为激进的改革措施导致学生从公立学校大量流失到私立学校。

直到 20 世纪 80 年代初，高等教育在马耳他仍只是少数精英家庭的专利，当时只有一所大学（马耳他大学）和一所职业学院（马耳他人文科技学院），后者可以在一系列的技术和职业领域提供本科预科级别的证书。20 世纪 70 年代末 80 年代初，工党政府实施了许多激进的高等教育改革措施，其中包括一个吸引来自工人阶级家庭学生的工学计划。1988 年的《教育法》鼓励普及本科和硕士阶段教育。2001 年，马耳他人文科技学院重组为社区学院，一开始只是作为大学之外的另一种选择，但后来该学院更像是一所大学，因为通过修习学院提供的很多课程，学生也可以获得本科学位，甚至硕士学位。

马耳他的职业教育在 20 世纪下半叶的发展并不是特别蓬勃，尽管政府努力建立职业学校以支持经济发展，但职业教育仍被视为次等教育，而且上职校的学生大多家境相对较差。1972 年，工党政府成立了一批职业学校，但到 20 世纪 90 年代初基本都停办了。

进入 21 世纪以来，特别是加入欧盟以来，马耳他政府加大了对职业教育的支持力度，不仅致力于建立和发展中学后教育和高等教育阶段的职业与学术教育"双轨制"，而且在中学课程中也引入了一些职业教育的科目供学生修习，尽管能够教授这些科目的教师并不多。

第二节 知名教育家

一、米基尔·安东·瓦萨里

米基尔·安东·瓦萨里（1764—1829）是马耳他著名作家、哲学家、语言学家和教育家，有"马耳他语之父"之称。1764年，瓦萨里出生在泽布格的一个农民家庭。1785年，他开始在罗马圣心大学学习东方语言。瓦萨里在罗马学习期间接触到了启蒙思想，这成为他后来大力倡导大众教育的思想基础。1796年，他发表了一封公开信，题为《致马耳他民族》，这是他第一次明确阐述自己的哲学和政治观点。他希望在马耳他应用启蒙主义者的哲学理念，通过广泛的社会改革建立一个以马耳他文化身份概念为核心、基于大众教育体系的马耳他共和国。

从18世纪90年代开始，瓦萨里便投身于马耳他语复兴运动，他出版了3部关于马耳他语的重要著作，为马耳他语研究奠定了坚实的基础。瓦萨里研究马耳他语的目的并不仅限于复兴马耳他语本身，而是志在促进马耳他文化和道德教育的发展，他认为只有通过使用马耳他人自己的语言才能实现教育的目标。1795年，瓦萨里向骑士团大团长伊曼纽尔·德·罗翰提交请愿书，希望允许他开办一所专门教授马耳他语读写的学校。这个请愿本身就带有革命性质，因为当时马耳他人虽然在口头交流时使用马耳他语，但书面语都是意大利语。意大利语也是统治阶层和教会规定的教学语言，同时在商业往来中使用。

瓦萨里在请愿书中提到希望开设一所公立学校，效仿其他民族，以新的和有序的方法教授马耳他语的阅读和写作，这样马耳他人今后就能通过自己的语言毫无障碍地学习其他各种语言，以此开辟一条简单而直接的路径，减少因学习其他媒介语言而造成的时间浪费和困难。他的请愿得到了大团长的批准，虽然史料上没有记载他究竟有没有开设这所学校，但他对马耳他语及基于该语言的大众教育做出的贡献是不可磨灭的。

瓦萨里生活在马耳他历史上最动荡的时期之一，他一生经历了骑士团统治末期、拿破仑政府统治时期和英国统治时期。除了政治上的动荡外，马耳他社会本身还存在特权阶层与普通百姓之间的鸿沟。瓦萨里一生致力于为马耳他广大民众普及教育，鼓励马耳他人在各个领域发挥自己的潜能，进而充分塑造马耳他人的民族意识。但是，当时他这一具有革命意义的号召遭遇到很大阻碍，他也多次因自己的政治信仰而被迫离开祖国。

瓦萨里去世后，家乡人民为他矗立了一尊雕像。由于他对马耳他民族的重要贡献，他的生平事迹在后世的文学和音乐作品中都有体现。例如，音乐人曼维尔·米夫苏德创作了马耳他语歌曲《瓦萨里》向他致敬，保罗·阿贝拉和雷蒙德·马霍尼创作摇滚歌剧《巴士底》讲述法国大革命对马耳他群岛的影响，歌剧的主角就是瓦萨里，他号召马耳他人追随法国同志的步伐为自由而战斗。

二、保罗·普利契诺

保罗·普利契诺（1815—1890）是马耳他教育史上的重要人物，有"马耳他教育之父"的美誉。他出生于瓦莱塔一个富裕家庭。从马耳他大学毕业后，他先后在罗马圣心大学和巴黎索邦大学学习。在索邦大学学习期间，他接受了"在教育中和通过教育实现性别平等"以及"人人受教育"的思想。由于普利契诺对欧洲教育哲学和制度非常熟悉，因此，政府于1849年派遣他去爱尔兰都柏林学习国民学校制度。1850年，他被政府任命为初级学校主任后开始实施自己的抱负。

普利契诺是一位鼓励马耳他大众接受教育的先驱。在当时的马耳他，推动教育普及化并非易事，意大利语、英语和马耳他语背后利益集团之间的微妙关系使得大众教育体系始终无法建立，因为不同利益集团对教育的内容无法达成一致意见，相互制造障碍。普利契诺以巧妙的方式协调了利益集团的要求。1850年，普利契诺在扎巴尔建立了第一所成人夜校。夜校最初开设的课程有算术、阅读和写作。除了开办学校，普利契诺还亲自设计课程和参与教师培训。在他建立的新体系中，英语和马耳他语受到更多重视。

在普利契诺的推动下，19世纪下半叶，马耳他全国各地纷纷设立小学，免费向大众提供教育，马耳他语也开始在学校教学中使用。自此以后，在法院和政府公文中，马耳他语也逐渐取代了意大利语。

在教育理念方面，普利契诺受欧洲"平民教育之父"、瑞士教育家和教育改革家约翰·海因里希·裴斯泰洛齐（1746—1827）的影响较深。他一直强调儿童在学校度过成长期的重要性，并经常鼓励教师牢记自身被赋予的重要使命。他建议教师对教学观念和理论进行反思。他经常表示，儿童的态度和行为可塑性强，因此不应该采取传统的机械式教学方法。他还认为，教育在社会改革中发挥基础性作用，教育应该满足个人的道德、智力和情感需求，其最终目标是促进形成一个尽职尽责的个体。

普利契诺对马耳他的教师教育也做出了重要贡献。他在接任初级学校主任后，要求学校暂停一段时间，让全部教师在马耳他大学接受培训。他借鉴了当时欧洲最知名的一些教学理念，特别是裴斯泰洛齐的教育方法。除了让教师在大学接受理论培训外，普利契诺还建立了"样板学校"，让教师在有监督的条件下开展实习教学。他主持建立了两所效仿欧洲同类机构的师范培训学校，将一些优秀的教师送往英国的天主教教师培训学院学习。

帕特里克·基南在1880年出版的《马耳他教育体系报告》中高度评价了普利契诺在推动马耳他教育事业发展方面的贡献。他这样写道："过去30年的成就可以归功于一个人，那就是普利契诺。我接触过的国内外致力于教育的人士中，还没有一位像他一样，能将孜孜不倦地履行职责和热情追求自己心目中的理想目标结合得那样巧妙。"[1]

三、彼得鲁·帕尔·塞登

彼得鲁·帕尔·塞登（1895—1971）是马耳他著名的语言学家、翻译家和教育家。他于1895年7月出生在马耳他南部小镇祖里格。1912年，他进入马耳他大学的文学预科班学习，并在20岁的时候取得了文学学士学位。1919年，他获得了教会法研究学位，后来又获得神学博士学位。由于学习成绩优异，他获得政府奖学金资助赴罗马宗座圣经学院学习，学成后归国任教。1931年，他被任命为教授，1964年退休。

塞登一生致力于语言研究和翻译。他在马耳他大学任教授的33年时间里，孜孜不倦地研究马耳他语，很受学生的欢迎，他曾这样写道，我热爱教学和学生。对我来说，学习从不是为了提升自我，也不是为了挣钱，而是我人生的使命。他对马耳他语言的研究兴趣源自马耳他语和希伯来语之间的许多近似之处。他认为，如果不是闪米特语言带来的启示，我们永远不能了解马耳他语，不能了解它的起源、发展，以及它和其他语言的差异。

1936年，塞登和古泽·阿奎林纳一起出版了马耳他语散文与诗歌集《马耳他文学选粹》。塞登还是一位颇有成就的作家，他创作了多部小说和多篇散文。1960年11月，马耳他大学授予塞登荣誉文学博士学位。

1971年，塞登在家中去世。在他去世后，他的家乡祖里格以他的名字命名了一所中学和一条街道。1995年，在他100周年诞辰之际，在以他命名的中学门前举行了纪念碑揭幕仪式。马耳他大学校园内的一座演讲厅也是以他的名字命名的。

---

[1] 资料来源于2015年8月10日《马耳他独立报》发表的《马耳他教育之父》一文。

第四章 学前教育

第一节 学前教育的发展和现状

一、学前教育的发展历史

马耳他的学前教育最早出现于 19 世纪上半叶。当时，马耳他处在英国殖民统治之下，普通民众生活贫困。英国殖民政府并没有将普及教育视为施政的首要任务，在很长一段时间里都采取放任自由的政策，没有推进大众教育。有"马耳他教育之父"之称的保罗·普利契诺在 1850 年就任初级学校主任时曾指出，工人阶级因为过于贫困，没有能力为子女提供必要的保育，因此许多儿童养成了难以根除的坏习惯。为此，普利契诺提出建立面向 2—6 岁儿童的幼儿学校的建议。尽管在他的建议和推动下建立了少量的幼儿学校，但普遍办学条件很差。正如马耳他事务调查皇家委员会委员帕特里克·基南在 1879 年提交的报告中所描述的那样，公立学校的孩子们挤在一间小小的、令人窒息的房间里，没有游戏场所，整天坐着，也没有活动。当时私立学校的情况也与此类似。

按照当时政府规定，如果有人希望兴办幼儿学校，需要向殖民当局提交书面申请，并获得政府首席秘书办公室颁发的办学许可。据统计，1839—

1944年，政府一共收到375份申请。对于马耳他这样一个面积不大的国家来说，这样的申请数量说明社会对学前教育的需求是相当大的。当局在审核时很重视办学者的道德品质，但由于缺乏统一的标准，各个幼儿学校的办学质量参差不齐。

19世纪中叶至20世纪初建立幼儿学校的一支重要力量是天主教教会。天主教的几个修会尤其致力于建立学前教育机构，其中不少学校直到今天仍在办学。这些学校多在港口附近，因为这里既是政府活动的中心，也是很多人的工作场所。一些修会致力于为贫困家庭的儿童提供保育和教育。天主教教会兴办幼儿教育的目的主要是培养儿童的道德和宗教意识。

幼儿学校主要教授的科目有马耳他语（包括字母学习和基础阅读）、算术（包括识数和学习运算）、格物课（认识形状、色彩、简单的物体属性、感官和各种职业）、书写（包括笔画和简单字母及书法）、宗教课、体育课、女工课（包括针线活等）以及美术课。

马耳他的学前教育迎来大变革是在20世纪70年代。当时，独立后的马耳他政府开始推行免费的学前非义务教育。由于现代工业的发展，更多的马耳他女性有了在工厂工作的机会，因此儿童保育成了普遍性的社会需求。1971年，工党在其政治宣言中提出建立一批试点幼儿园。1975年10—11月，在马耳他劳动和社会服务部的领导下，马耳他全国设立了61所试点幼儿园，招收年龄在3岁9个月到5岁之间的儿童。1975年11月，马耳他政府在一份声明中表示，兴办幼儿园主要有以下四个目的：为儿童上小学做准备；为有工作的母亲排忧解难；为儿童提供发展社交能力的指导；为来自缺少适当教育机会家庭的儿童提供发展和赶上他人的机会。当时大多数马耳他家庭并没有能力送孩子去私立或教会幼儿园，因此这些由政府建立的公立幼儿园很快就受到广大家庭的欢迎，并迎来了大批儿童入学。1988年，幼儿园招生的最低年龄降至3岁，更多儿童进入幼儿园学习。虽然学前教育具有非义务的性质，但当时马耳他几乎所有 3—5 岁的儿童都在上幼儿园。

由于政府兴办的公立幼儿园只招收 3 岁以上的儿童，为了满足 3 岁以下婴幼儿保育的社会需求，自 20 世纪 80 年代末开始，马耳他出现了一些私立儿童保育中心。但是因为当时没有制定相关法律，也没有明确的管理部门，这些私立机构在很大程度上是缺乏监管的，也没有统一的质量标准。

进入 21 世纪后，马耳他政府更加重视学前教育。特别是 2004 年 5 月加入欧盟后，为了与欧盟接轨，马耳他开始对包括学前教育在内的国家课程体系进行改革。在这次改革中，学前教育被正式认定为是与小学和中学教育不同的独立体系。而建设和发展独立的学前教育体系的愿景是：改变学前教育由不同部门管理造成的分割问题，建立一个更加统一的学前教育服务体系，促进儿童在该体系中的成长。该体系的目标是：承认儿童的主动性，促使他们成为有自信和有能力的学习者，通过参与社交和积累经验，实现个性发展和社会性发展。该体系还推动了学前教育的教学方式变革，由之前的灌输式和手把手教学，以及空洞的游戏活动设计，转变为围绕精心制定的短期目标开展教学。

2006 年，马耳他家庭和社会团结部颁布了《儿童日间保育场所国家标准》(以下简称《国标 2006》)，旨在确保为儿童提供安全和适合发展的服务，促进儿童及其家庭的全面发展和福祉。该标准也用于判断申请提供学前教育服务的机构能否获得办学许可。2008 年，政府决定对学前教育服务机构实施税收减免政策，进一步促进学前教育的发展。

2013 年，欧盟理事会在关于马耳他 2013 年国家改革计划的建议中明确提到："建议马耳他在 2013—2014 学年采取行动……通过促进灵活的工作安排，尤其是通过增加儿童保育和课外培训机构的数量和减少花费，继续支持女性进入劳动力市场。"[1] 同年，工党在其政治宣言中将提供免费儿童保育服务与父母尤其是母亲参加工作的机会联系起来。虽然该建议是从劳动力

---

[1] 资料来源于欧盟出版署官网。

市场和经济发展视角提出的，但在客观上推动了免费幼儿保育服务的发展。2014年4月，马耳他政府启动了3岁以下婴幼儿的免费保育服务。

二、学前教育的现状

目前，马耳他提供学前教育的机构主要有两种形式，它们分别对应学前教育的两个主要阶段，第一种为服务3个月到3岁儿童的儿童保育中心，第二种是服务3—5岁儿童的幼儿园。马耳他儿童的上学年龄较早，5岁以后即进入小学学习。

（一）儿童早期教保育

学前教育第一阶段（3个月至3岁）在马耳他教育体系中被称为儿童早期教育和保育阶段（简称"儿童早期教保育"），其办学机构为儿童保育中心。2021年10月，马耳他教育部网站发布了《儿童早期教育和保育服务国家标准（0—3岁）》（以下简称《国标2021》）[1]。《国标2021》为马耳他儿童早期教保育的办学和评价标准提供了最新的、更科学的依据。

根据《国标2021》，儿童早期教保育的办学场所主要分为两种。一种是"基于中心"的服务机构，最常见的就是专门用于儿童早期教保育服务的场所。《国标2021》规定，如果此机构邻近服务提供者的住宅，则必须设置专门的独立入口。如果此机构是某个学校的一部分，也必须设置独立入口。另一种是"基于工作"的服务机构，它们一般设在办公楼或其他办公场所内部。这类机构需要配备适当设施，而且只能为在该办公场所内办公的员工提供服务；不需要专门设置独立入口，但必须设置在员工工作的办公楼

---

[1] 资料来源于马耳他教育部官网。

或场所内部，同时还要求其周边不得有任何对儿童可能造成危险或者在某种程度上影响服务质量的因素。

为满足马耳他经济发展的需要，特别是马耳他女性的工作需求，马耳他还引入了夜间儿童早期教保育服务。夜间服务可以满足父母或单亲家长长期上夜班且没有其他适当的保育方式的需求。上述"基于中心"和"基于工作"的服务机构都可以提供0—3岁儿童的夜间保育服务。夜间服务与日间服务适用同等的办学标准。夜间服务一般开放时间为晚10点到早5点，但在实际运行中会根据幼儿家庭的具体需求有所调整。

自马耳他政府于2014年启动3岁以下幼儿的免费保育服务后，政府通过教育服务基金会建立和管理的儿童保育中心吸纳了大多数的适龄幼儿。教育服务基金会为马耳他教育部下属的公立机构。它的使命是提供优质教育服务，为所有学习者及其家庭，以及所有利益相关方提供安全环境和丰富体验。它提供的教育服务除3岁以下儿童保育外，还有针对3—16岁儿童的课后和暑期教育服务。目前基金会共管理13个幼儿保育中心。开放时间为周一至周五7∶30—16∶00。这些中心提供服务的重点对象有：3个月至3岁之间的儿童；由于家庭情况在中心可以获益更多的儿童；家长由于各种原因（如健康问题）需要休息的儿童；单亲家庭的儿童，尤其是家长需要工作以改善财务状况的单亲家庭；某些方面（如沟通）发育迟缓、需要更多个性化关注的儿童；生活在基金会服务区或其他学区的儿童；家长工作地点在基金会服务区内或靠近服务区的儿童。

这些儿童保育中心都遵循统一的办学质量标准，它们需要在教育质量与标准署注册，必须严格遵循马耳他政府颁布的《国标2006》中规定的所有标准。根据中心的办学宗旨，其提供服务的基本理念是"教保育一体"，即对3岁以下儿童不仅限于提供保育服务，同时还通过各种有组织的教育活动促进儿童在社交、情感、体能、智力、沟通和创造力等各方面潜力的发展。中心的管理工作主要是：通过员工、儿童、家长和访客之间的积极互动创造友好的环境；创造有爱心、有安全感和幸福感的环境；鼓励每名儿童充分发挥潜力；遵守法规，依据常识满足合理的个体需求；了解家长和儿童的需求，通过有针对性的沟通和计划支持和增进家庭凝聚力。

（二）儿童早期教保育的国家标准

在马耳他政府颁布的《国标2006》中，列出了婴幼儿保育机构办学应遵循的十项标准。颁布这些标准的主要目的是解决3岁以下儿童保育机构缺乏有力监管、质量参差的问题。《国标2006》的颁布促进了马耳他儿童保育机构总体质量的提升。2015年，联合国会员一致通过2030年可持续发展目标，马耳他政府也致力于落实可持续发展目标。马耳他教育部指出，发展儿童早期教保育服务是对联合国可持续发展目标，尤其是第4个目标的落实，即确保包容和公平的优质教育，让全民终身享有学习机会，确保所有男女童获得优质幼儿发展、看护和学前教育，为他们接受初级教育做好准备。

作为具体落实可持续发展目标的措施之一，马耳他教育部决定对《国标2006》进行更新，以达到以下目标。

（1）反映马耳他在儿童早期教育（0—3岁）领域的最新进展。

（2）体现当前在儿童早期教育（0—3岁）领域研究和实践方面的新趋势。

（3）通过确保优质儿童早期教育的可用性和可及性，发展马耳他群岛劳动力市场，使其更具社会公正性，更加活跃。

（4）确保这些聚焦于儿童早期教育（0—3岁）的标准符合2012年颁布的《人人享有的国家课程框架（2012年）》（以下简称《国家课程框架》）中关于早期教育（0—7岁）的总体框架。

《国标2021》在《国标2006》的基础上进行了更新和扩展。《国标2021》指出，儿童早期教保育服务是一种特殊服务，它必须创造能够满足所有儿童需要的平静和安宁的教保育环境。提供服务的中心需要确保尊重儿童每日的自然生活节律，包括睡眠、饮食和游戏等。《国标2021》还特别建议，为了儿童的利益和福祉最大化，应尽可能多地保证儿童与父母在一起的时间。为此，0—3岁的婴幼儿一周在保育中心的时间不应超过45个小时。《国标2021》对中心的师生比也做出了具体规定。例如，每6名0—12个月的儿童要求至少配备1名保育教师和1名助手，每10名13—24个月的儿童要求至少配备1名保育教师和1名助手，每12名25—36个月的儿童要求至少配备1名保育教师和1名助手。

在具体标准方面，《国标2021》首先将《国标2006》中的10条标准归为两类，一类是学习环境质量标准，另一类为学习和保育质量标准，并进一步将其扩展为12条标准。表4.1为《国际2021》的分类和《国标2006》的标准，表4.2列出了《国标2021》中扩展后的12条标准。

表4.1《国际2021》的分类和《国标2006》的标准

《国标2021》的分类	《国标2006》的标准
学习环境质量标准	标准1：适当的人员 标准2：办学环境、场所和设施 标准4：儿童健康与安全 标准8：儿童保护 标准9：饮食
学习和保育质量标准	标准3：管理和组织 标准5：保育、学习和游戏 标准6：与家长协作 标准7：行为表现管理 标准10：机会平等和有特殊需求的儿童

表 4.2 马耳他《国标 2021》的分类和标准

学习环境质量标准	
标准 1.1	中心负责人和员工需要符合相关资格标准，拥有承担其具体职责和责任所必要的个性特点和能力
标准 1.2	所有保育员工都应获得《未成年人保护法》的正式许可
标准 1.3	保持合适的生师比，不得违反运营要求的儿童人数最高限额规定
标准 1.4	场所应符合服务要求
标准 1.5	拥有安全、可靠、卫生和定期维护的场所和设施等
标准 1.6	促进和确保儿童健康、福祉和安全，保护儿童权利不受侵犯
学习和保育质量标准	
标准 2.1	中心负责人具备有效的领导技能、知识和能力，能够提供符合监管标准的教育和保育服务
标准 2.2	创造良好、和谐的环境，促进儿童的学习和发展
标准 2.3	设置相关课程，帮助儿童学习取得进展
标准 2.4	提供支持儿童游戏、学习和发展的环境和资源
标准 2.5	开展高质量的、儿童喜欢的、激励性的互动，促进儿童的福祉、学习和发展
标准 2.6	与家长配合协作，支持儿童的学习和发展

以上标准既适用于公立学校，也适用于私立部门的早期儿童教保育服务。教育质量与标准署的官员负责监督和监管服务提供机构，对机构进行评估性考察，并根据考察评估结果，结合国标规定出具质量评估报告。此外还有外部评估，促使服务提供机构聚焦和反思其服务，以达到期望的标准。

（三）幼儿园教育

马耳他儿童一般在 3—5 岁进入幼儿园学习。据马耳他国家统计局提供的数据，2019—2020 学年，马耳他幼儿园阶段的在学总人数为 9 819 人，其中公立幼儿园 7 091 人，教会幼儿园 947 人，私立幼儿园 1 781 人。从以上数据可见，公立幼儿园是马耳他绝大多数儿童接受学前教育的场所。[1] 表 4.3 是 2013—2020 年马耳他幼儿园在学人数情况，由表中数据可以见，幼儿园生源人数基本稳定，少的时候接近 9 000 人，多的时候不超过 10 000 人。

表 4.3 2013—2020 年马耳他幼儿园在校人数 [2]

单位：人

年份	2013	2014	2015	2016	2017	2018	2019	2020
幼儿园人数	8 955	8 817	9 217	9 451	9 224	9 426	9 618	9 819

在马耳他，幼儿园阶段教育并非义务教育，但大多数家长都选择让孩子尽早入学。在这个阶段，孩子们通过基于游戏的学习方式获得基本的读写和社交能力，并且适应学校这个集体环境。

幼儿园阶段的教育内容主要依据马耳他教育部于 2012 年制定的《国家课程框架》。框架指出，从出生到 7 岁或 8 岁这个阶段是每个人生命中最关键的阶段，儿童在这个阶段接受的教育与其全面发展有紧密联系，儿童的学习体验在一定程度上是由学习环境是否能提供足够支持所决定的。

如前所述，马耳他的小学入学年龄较早，儿童一般在 5 岁时就上小学了。根据 1999 年的《国家最低课程标准》，5—6 岁的小学学习阶段应被视为 3—5 岁幼儿园学习阶段的延续，也就是说，教师应延续幼儿园阶段采用的从具体经验获得知识、态度和技能的教学方法。《国家课程框架》强调，在儿童的早期学习阶段，应该在可预测和有足够支持的情况下顺利完成各个学段的过渡，特别是从幼儿园到小学的过渡。为了使幼小学段能够无缝衔接，《国家课程框架》将幼儿园小班到小学 2 年级视为一个学习阶段，对

---

[1] 资料来源于马耳他国家统计局官网。

[2] 资料来源于马耳他国家统计局官网。

儿童在早期学习阶段的具体学习目标和方法做出了较为详细的说明。《国家课程框架》指出，儿童在早期学习阶段获得的知识、技能、能力、态度和价值观将决定他们能否成为成功的学习者和社会的积极参与者，教育者应该通过以下方法帮助儿童获得成功的学习体验，包括将儿童的兴趣和知识联系起来，采取尊重幼小学习者认知水平和偏好的学习模式，激发其好奇心，培养其探索、发现和创造的能力，创造促进沟通和互动式学习的环境。

《国家课程框架》指出，每个儿童都有充分发挥潜力的权利，而发挥潜力的基础就是在早期学习阶段打下的。教师应该利用儿童感兴趣的各种活动和资源激发他们的兴趣和学习动机，进而使儿童在获得自信和自尊的同时形成坚忍不拔的品格。因此教师在策划活动时应考虑通过对儿童的多感官刺激，增进他们对世界的理解。儿童早期学习阶段在语言、认知、身体、道德、个性、社交和情感方面都有重大发展，这种发展是全面的，任何一个方面的不足都会影响到其他方面。儿童在早期学习阶段接受优质教育，将会对他们今后的发展有利。

《国家课程框架》对儿童早期学习阶段进行了宏观的界定，并提供了相应的原则，但没有对幼儿园阶段的具体课程设置做出规定。1999年的《国家最低课程标准》曾提供过幼儿园课程的几大领域及教育目标。根据该标准，幼儿园课程的主要教育目标是促进儿童全面发展，涵盖六大领域，包括智育、社会情绪能力培育、体育、德育、美学与创造力培养，以及宗教教育（针对信教儿童）。表4.4是《国家最低课程标准》列出的各领域具体教育目标。

表 4.4 马耳他《国家最低课程标准》中幼儿园课程设置内容

智育	社会情绪能力培育	体育	德育	美育与创造力培养	宗教教育（针对信教儿童）
积极的学习态度	培养自信	锻炼使用大肌肉群	培养正义感	为儿童提供机会表达，富于想象力的艺术与工艺、戏剧、肢体语言表达以及音乐演出	培养对造物之伟大与美丽的敬畏和喜乐之心，体验信奉上帝而产生的喜乐、感激和安全感
学习过程中培养技能，鼓励儿童提问并利用运动和感知能力；为儿童提供探索调查环境中新事物的机会	培养积极的生活态度，包括在儿童之间、儿童与家长之间建立信任，让儿童变得更加独立	锻炼使用小肌肉群			培养参与庆祝活动的能力（歌唱，交友等），尤其是那些围绕基督生平事件开展的活动
培养逻辑思维能力、解决问题的能力、因果关系认知能力和理解事件的能力		利用感官作为教育工具，强化感官相关的能力，培养平衡感，对不同韵律做出创造性的反应，实现更好的眼手协调	分辨好坏，明白哪些个人行为或集体行为有益、哪些会阻碍作用或会伤害他人		
教授一些能让儿童更深入地认识当今世界的概念与信息，如时间概念、数量、体积与质量，比较与描述性词汇（如颜色、形状与大小）				鉴赏自己与他人的创意作品	积极面对日常生活中的宗教元素，比如面包、水、宁静、倾听，以及其他构成基督教信仰的基本符号
培养沟通能力					
培养初级阶段的写作能力					

55

《国家课程框架》对早期学习阶段的学习成果进行了五大方面的界定，包括形成牢固的身份意识、拥有积极的自我形象、拥有社会适应能力、成为有效的沟通者、培养对待学习的积极态度并成为主动和自信的学习者。《国家课程框架》中对这几方面成果的具体形式均有详细说明。[1]

（四）学前教育行业协会

成立于2016年4月的马耳他早期儿童发展协会是马耳他学前教育领域唯一的行业协会。它为0—7岁的儿童及其家庭，以及儿童早期教保育职业发声，以推动和支持优质的早期教育，是一个旨在加强儿童早期教保育所有利益相关方能力的非营利性组织。协会的具体目标包括：维护所有儿童在家庭、学校和社区中的固有权利和福祉；推动儿童教保育领域的优质项目和实践；加强与儿童保育和发展有关的所有个人和团体的积极合作；鼓励学前教师的职业发展，提高家长进行早期教育的能力。

机构或个体都可以加入该协会，每年只需缴纳少量会费即可享受协会提供的各种服务，如定期举办的有关儿童早期教育的讲座、论坛和会议，以及相关领域最新研究和进展的信息分享。

第二节 学前教育的特点

从马耳他学前教育发展的历史与现状可以看出，马耳他政府相当重视学前教育，采取了一系列有利于学前教育发展的政策和措施，尤其是近年来政府大力投资学前教育，不仅提供免费的幼儿园教育，而且实现了3岁以

---

[1] 资料来源于马耳他教育部官网。

下儿童早期教保育服务的免费提供，对马耳他的家庭、劳动力市场和经济发展都做出了实质性的贡献。马耳他在发展学前教育方面有以下特点。

一、与时俱进，满足经济、社会发展要求

从历时角度来看，马耳他在学前教育方面采取的政策和措施是与时俱进的，而推动其政策发展的根本原因是马耳他的经济和社会发展需求。马耳他提供免费的幼儿园教育，并通过《国家课程框架》确保学前教育阶段和义务教育阶段的无缝衔接。从2014年开始，马耳他政府又通过自营或补贴方式，实行3个月到3岁的儿童教保育全免费政策。这项政策给广大马耳他家庭带来了益处。马耳他的经济发展需要更多劳动力的投入，而幼儿，特别是3岁以下婴幼儿的保育和教育问题却成为不少家庭的掣肘，尤其是影响了马耳他女性在劳动力市场的就业。因此，马耳他政府从促进经济发展的角度大力推行儿童早期教保育免费服务。而且，马耳他的儿童教保育机构还提供夜间保育服务，这一做法有力地支持了那些夜间工作或有特殊需求的家庭。据欧盟《教育与培训监测报告（2021年）：马耳他》提供的数据，2019年，马耳他进入正式儿童保育机构的3岁以下儿童占适龄人口的比例为38.3%，高于欧盟35.5%的平均水平，这一数据无疑说明政府政策产生了积极的效果。[1]

二、重视监管，关注质量

马耳他政府在学前教育阶段建立了较完备的质量监管体系。为保障儿

---

[1] 资料来源于欧盟出版署官网。

童早期保育和教育阶段的办学质量，马耳他政府早在 2006 年就颁布了相应的国家标准，2021 年，政府又在旧国标的基础上制定了新国标。新国标为早期阶段的儿童教育提供了原则和标准，并为办学机构的内部评估和外部监管提供了明确的依据。国标的颁布统一了办学标准，切实提高了办学质量。对于 3—5 岁的幼儿园阶段的学前教育，马耳他政府在 1999 年《国家最低课程标准》和 2012 年《国家课程框架》也为该阶段的教育目标、教育原则、教学内容和成果评估提供了明确指南。可以说，质量标准的及时制定和严格实施与政府的监管力度相结合，使得马耳他学前阶段的教育质量得到了较好保障。

三、聚焦儿童全面发展，突出关键能力培养

从马耳他政府颁布的各项政策文件中可以明显看到对儿童全面发展的关注。例如，在 2012 年《国家课程框架》中提到应培养的能力方面，令人印象比较深刻的就有"责任感、面对挑战时的韧性、敢于承担风险和能够接受不同观点"等。早期学习对一个人的一生发挥着重要作用，影响人生观、价值观和世界观的形成。未来社会的挑战将比今天更为复杂和严峻，儿童应该在早期学习阶段为今后有能力应对各种挑战打下坚实的基础。

第三节 学前教育的挑战和对策

尽管马耳他政府采取了一系列有力的政策措施推动学前教育的普及和发展，以适应马耳他经济和社会发展的要求，但学前教育领域仍存在一些需要妥善应对的挑战，马耳他政府正在为应对这些挑战制定相应的对策。

一、儿童入园率偏低问题

欧盟《教育与培训监测报告（2021年）：马耳他》指出，马耳他在正式机构接受学前教育的3—5岁儿童占适龄人口的比例呈持续下降趋势。2019年，该比例为91.1%，不及欧盟的平均比例92.8%，更低于欧盟为2030年设定的96%的比例目标。和2014年相比，该比例下降了3.4个百分点。[1]但如前所述，马耳他3岁以下儿童接受正式教保育比例高于欧盟平均水平。目前，在2012年颁布的《国家课程框架》中，将3—5岁的学前阶段与5—7岁的初级教育阶段视为一个整体，其目的是为了实现从幼儿园到小学的无缝衔接和平稳过渡，但是，该框架中没有专门针对幼儿园阶段的内容，政府也没有如3岁以下领域那样出台专门的国家标准。马耳他政府正加大对儿童早期教育的重视和投入，努力达到欧盟设定的2030年目标。2021年10月，马耳他教育部发布《儿童早期教育和保育：马耳他岛和戈佐岛的国家政策框架（草案）》，征询公众意见。该文件从儿童早期教保育服务的可及性、师资、课程设置、监督与评估、管理和资金五大方面提出了多项具体原则，可视为马耳他政府致力于进一步推动儿童早期教育发展的具体对策。

二、优质师资匮乏问题

目前，马耳他早教专业的最高学历只有本科，学生在本科毕业后，没有机会进一步攻读早教专业的硕士学位。如果要攻读硕士学位，学生只能选择教学法或相关专业，而这些专业的学习内容更关注的是基础教育，因

---

[1] 资料来源于欧盟出版署官网。

此，不少学生在获得硕士学位后就去了小学工作。除学历原因外，薪酬也是造成师资匮乏的一个重要原因。学前教育在教育体系中的地位仍比较低，对教师学历的要求也低于其他教育阶段。由于学历差异，早教机构和幼儿园教师的薪酬低于小学教师，而且他们往往又没有继续深造的机会，导致职业发展前景非常受限。这对学前教育领域吸引优秀人才无疑造成了较大障碍。

针对早教领域优质师资匮乏问题，马耳他总工会建议马耳他政府采取以下几点对策：开展立法改革，为从事早教事业的人才提供职业发展和改善工作条件的机会；设立早教专业的硕士学位，使早教人才可以在职业方面有更大的发展空间，从而愿意和能够留在早教领域发挥作用；为早教领域制定吸收和稳定人才的计划；制定与教育工作者协商的战略，进而进一步加强现有架构的计划性。

马耳他政府也已经注意到师资匮乏问题。《儿童早期教育和保育：马耳他岛和戈佐岛的国家政策框架》中关于早教工作者的内容明确提出开展职前教育和职业发展培训，提高早教工作者社会声誉，提高薪酬水平和改善工作条件等目标。

三、利益相关方参与不足问题

马耳他学前教育起步较晚，虽然早在19世纪就已初具雏形，但直到20世纪70年代才在工党政府的大力推动下有了快速和较大规模的发展。近年来在欧盟和联合国相关目标的指引下和马耳他政府的大力推动下，马耳他学前教育有了进一步的发展。但是，马耳他的学前教育体系并没有像一些欧洲国家那样有深厚历史和教育思想传统的支撑。而且，直到2016年马耳他早期儿童发展协会建立，马耳他才有了一个专门推动和支持学前教育发展，并对学前教育的主要利益相关方进行教育的组织。与此同时，在学前教育机构中，尽管不少教师全心投入早教工作，也积累了丰富的实践经验，但他们的发言权较弱，相关决定一般都是由对学前教育了解不多的决策者做出的。

马耳他政府意识到利益相关方的参与对提升教育质量不可或缺，近年来在制定和实施一系列教育政策时都强调要充分发挥利益相关方的作用。《马耳他教育战略框架（2014—2024年）》特别强调，战略的实施在很大程度上依赖于所有利益相关方的全程参与。而《国标2021》也在导言部分明确提出，建设优质的儿童早期教育和保育行业需要所有利益相关方做出承诺。

总体而言，自20世纪70年代以来，马耳他的学前教育在政府的大力支持下，无论是在数量还是质量方面都取得了长足进展。近年来，马耳他政府，特别是教育行政部门对学前教育较为重视，一直在推动有关政策框架、质量与评估标准及监管体系建设。但是在学前教育领域，仍存在一些长期性的挑战，尤其是优质师资不足问题。马耳他政府正在为应对这些挑战制定和实施新的政策，以期促进学前教育领域的高质量发展，为后续教育阶段打好基础，做好与基础教育的顺利衔接。

第五章 基础教育

第一节 基础教育的概况和课程

一、基础教育概况

马耳他是英联邦成员,在1814—1964年长达一个半世纪的时间里,马耳他受到英国的殖民统治,而在此期间建立和发展起来的马耳他公立教育体系基本上是效仿英国。马耳他的儿童5岁上小学,16岁高中毕业,5—16岁的11年为基础教育阶段,也是义务教育阶段。其中5—11岁是小学1至6年级,12—16岁为中学1至5年级。在中学毕业时,学生可以参加中学教育资格证书考试(Secondary Education Certificate,简称SEC考试,又称O-level考试),以便继续学习。SEC考试有五门科目,分别是英语、马耳他语、数学、科学和一门外语。除在校学生外,各年龄段的人也可以参加SEC考试。大概60%的马耳他学生会在完成义务教育后选择继续学习。

当代马耳他基础教育阶段的公立教育体系是由政府主导建立和监督的。根据1988年颁布的《教育法》,政府有义务确保为所有马耳他人提供全面发展的机会,有权设置适用于所有学校的国家最低课程标准。1998年,政府制定并颁布了《国家最低课程标准》。2012年，马耳他教育部又颁布了《国家课程框架》，确定了基础教育阶段的目标、原则、课程设置、评价及相关支持措施等。马耳他教育部的教育质量与标准署负责对义务教育进行监管。

2005年，马耳他建立了学院体系，即由同一地区的几所公立中小学校联合成立一个"学院"（College）。一般来说，学生从小学毕业后会进入同一学院的中学继续学业。在建立学院体系后，马耳他政府将一部分权力下放到学院一级。学院的小学和中学由学院院长和中小学校长理事会管理。中央政府部门拨给学院的经费由学院院长决定如何使用，而学院的课程管理部门也有权决定具体的课程设置。各学校的管理团队可以根据本校办学理念实施教学项目和计划，也有权对教师发展的相关问题做出决定。马耳他的学院及所辖学校情况见表5.1。

表5.1 马耳他的学院及所辖学校情况

学院	所辖学校
圣玛格丽特学院	8所小学，2所中学
玛丽亚·里贾纳学院	7所小学，4所中学
圣本尼迪克特学院	8所小学，2所中学
圣尼古拉斯学院	6所小学，2所中学
圣乔治·普瑞卡学院	8所小学，4所中学
圣特蕾沙学院	4所小学，3所中学
圣伊格纳修斯学院	5所小学，2所中学
圣托马斯·莫尔学院	7所小学，4所中学
圣克莱尔学院	5所小学，2所中学
戈佐学院	11所小学，2所中学
米基尔·安东·瓦萨里学院	4所艺术学校

马耳他的基础教育资源相当丰富，虽然国土面积不大，却有 340 多所学校，生师比达到 7∶1。在基础教育阶段，马耳他的学校可以分为三种类型，即公立学校、教会学校和私立学校。

公立学校面向所有学生，分布在马耳他岛和戈佐岛的主要城镇和乡村地区。小学阶段的公立学校延续学前阶段的全免费教育政策，学生的书本和其他学习用具也是免费的。如果学生居住地距离学校超过 1.6 千米，其往返交通也是免费的。家长只需要为学生购买校服。所有公立学校都是男女混班教学。每个班级有一名班主任教师，负责教授核心课程和不同科目之间的教学协调。其他科目，如音乐、艺术、科学、体育、戏剧、社会与职业教育、信息和计算机技术、健康与安全等，则由"巡回教师"教授。巡回教师一般不专属某一学校，而是在同一学院的各个学校巡回上课，他们在一个学校每周约上 3—5 节课。除教师外，小学阶段还有不少后勤人员，包括辅导员、指导教师、心理治疗师以及为有特殊需求学生提供支持的职工等。每个班级的人数最多不超过 28 人。上社会与职业教育课程时，班级为不超过 16 人的小班。

教会学校和私立学校也可以提供从学前到高中的教育服务。这两类学校也都由马耳他教育部监管。教会学校隶属于天主教教会，与政府之间有协议，也不收取任何学费。政府负责给教会学校的教职人员发放工资，但家长每年需给学校一定数额的捐款，以资助学校的部分开支，每年每个学生的捐款在 150—600 欧元。家长还需要自行购买课本、学习用品和校服等。上教会学校比上公立学校更难，因为大多数教会学校对学生人数有限制，一些学校采取抽签的方式决定入学名单。

马耳他的私立学校数量不少，2021 年，马耳他除 3 所国际学校外，还有 26 所私立学校。马耳他私立学校的招生对象包括马耳他公民和外国人。私立学校必须接受教育部认证，学校的课程设置必须符合政府规定的标准。私立学校是收费学校，家长不仅要缴纳学费，而且还要购买学习用品、校服和支付交通费用。马耳他私立学校的学费一年为 2 000—6 000 欧元不等。但马耳他政府规定，私立学校的学生家长可以享受税收减免政策。

马耳他还有 4 所特殊教育学校。这些学校的教师、教学设施和其他资源都是为有学习困难的学生专门设置的。学校还会帮助各个年龄段有特殊需求的孩子融入主流教育体系。全国大约有 0.26% 的学生在特殊教育学校学习。此外马耳他还有相当数量的英语语言学校。

据马耳他国家统计局发布的最新数据，2019—2020 学年，马耳他学前、小学和中学的在校生总数为 58 284 人，比上一学年增加了 1.4%。其中男生占比 52%，略多于女生。2019—2020 学年，46.2% 的在校学生为 5—10 岁，36.5% 的学生为 11—15 岁。公立学校招生人数占总人数的 58.8%，教会学校占 27.6%，私立学校占 13.6%。2019—2020 学年，义务教育阶段的学生人数为 48 465 人，其中 55.8% 上小学，44.2% 上中学。与 2018—2019 学年相比，小学和中学学生人数各增加 0.9% 和 1.7%。小学班级平均规模为 18.9 人，中学为 19.2 人。公立学校的班级规模最小，教会学校的最大，特别是小学四年级，平均每个班有 25.1 名学生。2019—2020 学年，学校数量最多的是北港区，占总数的 33.1%，排名第二的是南港区，占总数的 19.2%。北港区的学生人数也是最多的，占总数的 27.5%，其次为南港区，占总数的 17.4%。2019—2020 学年，外籍学生人数占总人数的 13.5%，较 2018—2019 学年增加 12.6%。多数外籍学生（58.8%）来自欧盟以外的国家。[1]

2014—2020 年马耳他学前教育及基础教育不同性别学生人数见图 5.1。[2]

---

[1] 资料来源于马耳他国家统计局官网。

[2] 由于马耳他将幼儿园小班到小学 2 年级视为一个学习周期，故学前教育部分人数也被统计在内。以下情况同此。

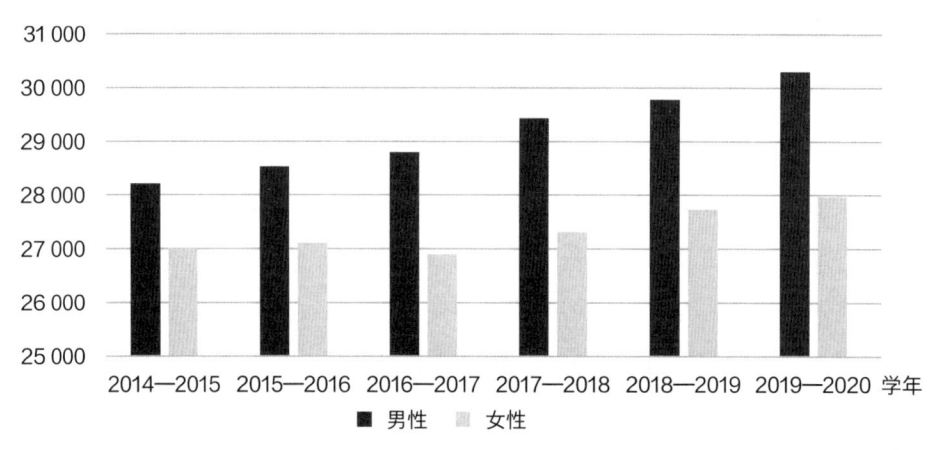

图 5.1 2014—2020 年马耳他学前教育及基础教育不同性别学生人数（单位：人）[1]

2018—2020 年马耳他学前教育和基础教育的人数详见表 5.2。

表 5.2 2018—2020 年马耳他学前教育及基础教育人数

单位：人

学前教育和基础教育	学年		增/减量	增/减幅
	2018—2019	2019—2020		
性别				
男性	29 758	30 307	549	1.8%
女性	27 712	27 977	265	1.0%
年龄段				
2—4 岁	9 588	9 780	192	2.0%
5—10 岁	26 660	26 913	253	0.9%
11—15 岁	20 864	21 246	382	1.8%
16 岁及以上	358	345	−13	−3.6%

---

[1] 图 5.1、表 5.2—5.7 数据均来源于马耳他国家统计局官网。

续表

学前教育和基础教育	学年 2018—2019	学年 2019—2020	增/减量	增/减幅
国籍					
马耳他	50 481	50 413	−68	−0.1%
其他欧盟成员国	3 820	3 236	−584	−15.3%
非欧盟成员国	3 161	4 626	1 465	46.3%
未知	8	9	1	12.5%
居住地区					
南港区	9 700	9 744	44	0.5%
北港区	15 968	16 026	58	0.4%
东南大区	9 566	9 711	145	1.5%
西部大区	7 834	7 911	77	1.0%
北部大区	10 338	10 774	436	4.2%
戈佐岛和科米诺岛	4 064	4 118	54	1.3%
受教育程度					
学前	9 618	9 819	201	2.1%
小学	26 788	27 035	247	0.9%
初中（7—9年级）	12 580	13 006	426	3.4%
高中（10—11年级）	8 484	8 424	−60	−0.7%
学校类型					
公立学校	33 492	34 257	765	2.3%
教会学校	16 237	16 089	−148	−0.9%
私立学校	7 741	7 938	197	2.5%
学生总人数	57 470	58 284	814	1.4%

2018—2020 年马耳他基础教育不同类型学校各年级招生人数见表 5.3。

表 5.3 2018—2020 年马耳他基础教育不同类型学校各年级招生人数

单位：人

年级	2018—2019 学年				2019—2020 学年			
	公立学校	教会学校	私立学校	总计	公立学校	教会学校	私立学校	总计
1 年级	2 565	1 257	638	4 460	2 700	1 222	656	4 578
2 年级	2 581	1 287	629	4 497	2 522	1 271	627	4 420
3 年级	2 657	1 302	634	4 593	2 624	1 291	624	4 539
4 年级	2 469	1 296	622	4 387	2 711	1 304	623	4 638
5 年级	2 539	1 310	581	4 430	2 473	1 298	595	4 366
6 年级	2 551	1 326	544	4 421	2 579	1 317	598	4 494
小学总计	15 362	7 778	3 648	26 788	15 609	7 703	3 723	27 035
7 年级	2 233	1 509	490	4 232	2 482	1 511	520	4 513
8 年级	2 180	1 509	494	4 183	2 241	1 505	510	4 256
9 年级	2 200	1 474	491	4 165	2 257	1 492	488	4 237
10 年级	2 202	1 479	446	4 127	2 209	1 471	480	4 160
11 年级	2 460	1 479	418	4 357	2 368	1 460	436	4 264
中学总计	11 275	7 450	2 339	21 064	11 557	7 439	2 434	21 430

2018—2020 年马耳他基础教育平均班级规模见表 5.4。

表 5.4 2018—2020 年马耳他基础教育平均班级规模

单位：人

年级	2018—2019 学年				2019—2020 学年			
	公立学校	教会学校	私立学校	总体	公立学校	教会学校	私立学校	总体
1 年级	16.3	24.2	22.0	18.7	16.2	23.5	19.9	18.2

续表

年级	2018—2019 学年				2019—2020 学年			
	公立学校	教会学校	私立学校	总体	公立学校	教会学校	私立学校	总体
2 年级	16.8	24.8	21.0	19.1	16.5	24.4	20.9	18.8
3 年级	17.3	25.0	21.1	19.5	16.8	24.8	20.1	19.0
4 年级	17.4	24.9	19.4	19.4	17.1	25.1	20.8	19.2
5 年级	17.4	25.2	20.0	19.5	17.2	25.0	20.5	19.4
6 年级	16.8	24.6	19.4	18.9	17.0	24.8	19.9	19.1
小学总体	17.0	24.8	20.5	19.2	16.8	24.6	20.3	18.9
7 年级	16.7	24.3	19.6	19.1	17.4	23.6	20.0	19.4
8 年级	18.3	24.3	19.8	20.3	18.1	24.3	19.6	20.1
9 年级	17.9	22.0	19.6	19.4	18.2	22.3	19.5	19.6
10 年级	18.5	22.1	18.6	19.7	18.0	22.0	20.0	19.4
11 年级	16.6	22.1	18.2	18.3	15.8	21.8	18.2	17.7
中学总体	17.5	22.9	19.2	19.3	17.4	22.7	19.5	19.2

2018—2020 年马耳他各学区提供基础教育的学校数量见表 5.5。

表 5.5 2018—2020 年马耳他各学区基础教育学校数量

单位：所

学校所在区域	2018—2019 学年		2019—2020 学年	
	小学	中学	小学	中学
南港区	24	10	24	12
北港区	30	29	30	30
东南大区	15	5	15	5
西部大区	13	6	14	6
北部大区	12	7	12	9

续表

学校所在区域	2018—2019 学年		2019—2020 学年	
	小学	中学	小学	中学
戈佐岛和科米诺岛	15	4	15	4
总计	109	61	110	66

2019—2020 学年马耳他基础教育各学区招生情况见表 5.6。

表 5.6 2019—2020 学年马耳他基础教育各学区招生情况

单位：人

年级	学区						总计
	南港区	北港区	东南大区	西部大区	北部大区	戈佐岛和科米诺岛	
1 年级	876	1 499	550	574	767	312	4 578
2 年级	879	1 459	509	552	697	324	4 420
3 年级	909	1 551	541	563	634	341	4 539
4 年级	951	1 536	596	562	681	312	4 638
5 年级	891	1 456	515	545	643	316	4 366
6 年级	948	1 552	517	546	645	286	4 494
小学总计	5 454	9 053	3 228	3 342	4 067	1 891	27 035
7 年级	621	2 216	278	436	639	323	4 513
8 年级	614	2 166	250	413	521	292	4 256
9 年级	562	1 954	429	435	551	306	4 237
10 年级	573	1 961	415	400	496	315	4 160
11 年级	703	1 957	396	381	552	275	4 264
中学总计	3 073	10 254	1 768	2 065	2 759	1 511	21 430

马耳他的官方语言是马耳他语和英语，双语政策被视为马耳他教育体系的基础。义务教育各阶段都教授这两种语言，而且在全部课程中占比较大。英语从小学一年级开始正式教授。马耳他本国的儿童通常会说英语和马耳他语，不少儿童还会说意大利语。在马耳他的学校中，马耳他语和英语都可以使用。但不同学校可能会有所偏向。在公立学校，教学中使用的主要语言是马耳他语，学生在课外也更多地使用马耳他语。而在私立学校，课堂教学使用英语，学生在课外会使用英语或马耳他语，这主要看他们在家里说什么语言或者同伴使用什么语言。如果学生既不懂马耳他语，也不懂英语，可以在上小学时参加为期一年的入门课程学习，其中包括专门的语言课程。

在马耳他，一学年通常是从9月到次年6月，由3个学期组成。第一学期从9月开学到圣诞假期前。第二学期从1月初到复活节假期前。第三学期从复活节假期后到6月底。暑假从7月初开始，长约2个月，圣诞节和复活节各有两周假期，此外还有2—3天的期中假，以及不少公共假期和宗教假期。小学通常是上午8：30开始上课，下午2：40放学，每节课时长一般为45分钟。从每年6月1日开始，小学就进入"短课"阶段，每天12：15放学。而中学的上课和放学时间一般由学校自己决定。

二、基础教育课程设置

在马耳他的公立教育体系中，基础教育课程设置均遵循2012年马耳他教育部颁布的《国家课程框架》要求。教会学校和私立学校有更多的自由权，但在很大程度上也会参考《国家课程框架》。该框架与以往的框架不同，它给予各个学校更大的灵活度。

在《国家课程框架》中，小学到中学（5—16岁）的义务教育阶段分属于三个教育周期，小学 1、2 年级属于 3—6 岁周期，小学 3—6 年级属于 7—11 岁周期，而中学 7—11 年级属于 12—16 岁周期。有关小学 1、2 年级的课程设置问题，我们已在学前教育一章中与小学 1、2 年级作为一个周期进行了介绍。本章重点介绍小学 3—6 年级和中学这两个学习周期的课程设置目标和内容。

（一）小学 3—6 年级（7—11 岁）

根据《国家课程框架》，小学 3—6 年级（7—11 岁）教育周期的教育目标是：支持儿童从学习中找到快乐；促进儿童的全面发展；帮助儿童获得必要的知识、概念和技巧，形成必要的价值观和态度，使他们能够成为终身学习者，能够实现个性化的发展。为了实现以上目标，《国家课程框架》还提供了该周期学生能力培养的具体目标，详见表 5.7，教育环境和资源均围绕这些能力培养目标进行配备。

表 5.7 马耳他小学 3—6 年级能力培养目标 [1]

学习者成为能够成功地发挥其全部潜力的终身学习者	发展个人技能和社交技能
	道德和精神层面的能力发展
	识字和计算能力、数字素养
	双语和多语学习能力
	科学和技术能力
	批判性思维和创新思维
	美学鉴赏和创造性表达

---

[1] 资料来源于马耳他教育部官网。

续表

学习者能够在工作中保持竞争力	使用新的信息通信技术的能力
	接受培训、再培训和掌握新技能的能力
	稳定性和独立性
	创新和创业
	主动拥抱变化和交流的能力
	形成对现实环境的系统性态度，参与推动可持续发展
	积极参与可持续发展活动
学习者在不断变化的本地、区域和全球环境中成为积极捍卫正义的公民	尊重多样性和价值观差异
	尊重和发扬马耳他文化及其遗产
	发展跨文化交际能力
	努力增强社会凝聚力和确保社会正义
	坚持社会正义和民主原则

课程设置中的主要科目可以分为八大领域，包括语言、数学、科学与技术、健康教育和体育、宗教和道德教育、人文教育与民主教育、视觉与表演艺术，以及由学校自行决定的校本科目，详见图 5.2。

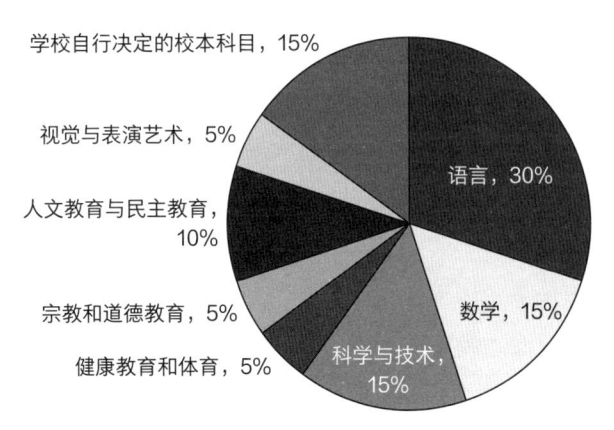

图 5.2 马耳他小学 3—6 年级课程科目及占比 [1]

---

[1] 资料来源于马耳他教育部官网。

1．语言

语言学习在马耳他小学教育体系中占据相当重要的地位。这一点可以从语言科目在全部科目中占比高达 30% 看出。马耳他学生至少要学习马耳他语和英语这两种官方语言，大多数学生还会学习一到两门外语，具体的外语语种可由各校自行决定。语言教学重视听说能力、对各种类型文本的反应能力（包括书面、口语、视频和听力文本）以及运用语言进行沟通的能力，教师通过设计情境和活动、书面材料、文学文本和数字技术为学生创造真实和广泛的语言学习体验。对学生英语和马耳他语学习成绩的评价从听、说、读、写四个方面开展。在六年级毕业时，学生参加的全国统一基准考试中包含英语和马耳他语测试。

2．数学

数学也是小学教育的主要科目，占比为 15%。为了让所有孩子都能享受学习数学的过程，教学中会根据不同学生的特点，采取有针对性的教学方法。每学年年末会进行考试，小学毕业时需参加全国统一基准考试，以确保学习必要的数学技能在各校的课程设置中得到足够重视。

3．科学与技术

小学阶段的科学与技术课程的目标是培养学生对世界的好奇心，并向学生介绍简单的科学概念和术语。科学课主要采取游戏和动手活动的形式，学生学习的重点是观察和交流经验。通过简单的研究活动鼓励学生提出问题，运用多媒体、讲故事和戏剧表演等方式将科学与学生的日常生活环境相联系。科学课在小学毕业时不参加全国统考，主要采取形成性评价的方式。

4．宗教和道德教育

在以宗教教育为内容的课堂上，教师利用多媒体资源、故事、创意艺术、讨论和动手活动启发和鼓励学生探索、建构意义，并通过多种任务评价和评估学生在认知和情感领域的学习情况，评估方式也为形成性评价。家长有权选择是否让孩子参加宗教和伦理教育相关课程，但伦理教育课程不是每个学校都提供，具体由各校的资源和条件决定。

5．健康教育和体育

在健康教育和体育方面，主要通过适当的评估程序确保儿童的相关发展情况得到适当记录，以用于进一步的教学策略设计。

6．人文教育与民主教育

人文教育包括历史课和地理课。历史课的目标是使学生形成作为马耳他公民、欧洲公民以及世界公民的身份意识，而地理课则是使学生理解本地、区域和全球环境，以及不同社区之间在人员、经济和政治方面的互动情况。历史和地理课主要采取观察和探究的学习方式，培养学生观察、田野工作和记录等技能。

民主教育课程的主要内容是向学生介绍民主价值观、基本自由权利、个人的权利和责任，以及多元性、积极参与和挑战应对等概念。学生在学习中了解社会正义和民主的内涵，了解自己的权利和责任，积极参加讨论和辩论。民主教育课程还设有跨科目的活动，如了解学校理事会的运作原理等。学生还会在这一教育领域探索个人、企业和工业对自己的生活和世界的影响。

7. 视觉与表演艺术

视觉与表演艺术课程主要采取专题式和整合性的方式增强学生的学习体验，让学生掌握相关概念和技能。对学生主要考查以各种艺术形式进行表达和表演的能力。

在小学阶段，在识字和运算及数字素养学习方面遇到困难的学生会得到必要的支持，以确保他们在六年级毕业时能掌握这些核心能力。

《国家课程框架》建议对小学 3—6 年级的学生采取校本评价方法，使家长、教师和学校管理层通过评价了解每个孩子的发展情况和学习水平。在公立学校中，从 4 年级开始进行正式考试，同时也采取其他评价方式。《国家课程框架》建议非公立学校的学生每学年至少参加一次考试。除此以外，非公立学校可以用其他评价方式替代考试。公立学校的学生必须参加 6 年级毕业时的数学、马耳他语和英语的全国统一基准考试，教会和私立学校则可自行决定是否参加。毕业考试结果将用于证明学生在小学毕业时达到的水平，也为中学提供学生学习情况的参考。

总体来说，小学阶段的课程设置目标是确保学习的科目和教学方法有助于学生的全面发展。而这一阶段对学生进行评价的主要目的就是了解学生在小学的发展情况和学习成就。小学 3—6 年级的课程设置一方面基于前一周期（幼儿园至小学 2 年级）教育打下的基础，另一方面与初中阶段的教育紧密衔接，以确保学生顺利地过渡到下一周期。

（二）中学（7—11 年级，12—16 岁）

马耳他学生在 11 岁从小学毕业后即进入中学学习，中学 7—11 年级（12—16 岁）仍属于义务教育阶段，一般情况下，学生都会进入同一学院的中学继续学业。根据《国家课程框架》，7—11 年级的教育目标是：为学习者提供一段过渡期，使他们能够熟悉中学教育过程，并有机会解决在小学阶段未解决的任何问题（知识和技能的再学习）；让学习者从更广阔的角度获得超出小学阶段的知识和智慧；确保学习者加深对特定学习领域的理解和在该领域的能力；使学习者具备必要的技能、能力、态度和价值观，以适应不断变化的社会，并在其生活的社区内外成功发挥作用；通过帮助学习者应对生理、心理、情感、社交和精神发展相关问题，促进个人全面发展；为学生积累经验、能力和知识，使之为终身学习做好准备，并为未来做出明智选择；为学生提供必要的资格认证，以使其获得接受延续教育、高等教育或就业的机会。

中学课程设置的科目领域与小学阶段相同，但内容在小学的基础上有所拓展、深化和加强，详见图 5.3 及图 5.4。同时，中学的课程设置中增加了不少选修科目。

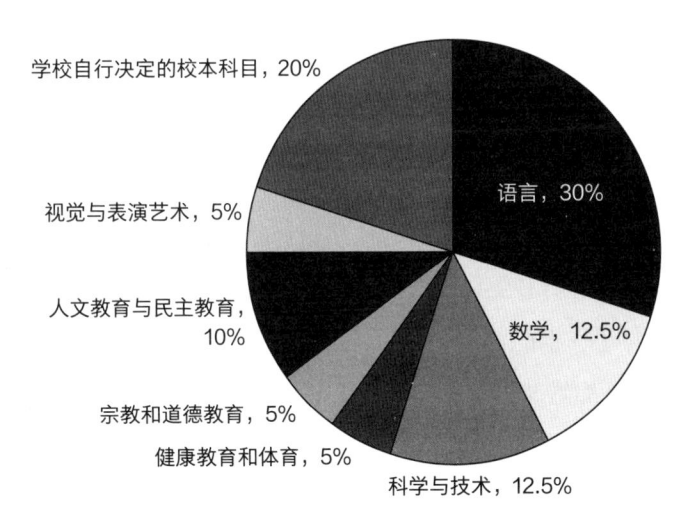

图 5.3 马耳他初中（7—9 年级）课程科目及占比 [1]

---

[1] 资料来源于马耳他教育部官网。

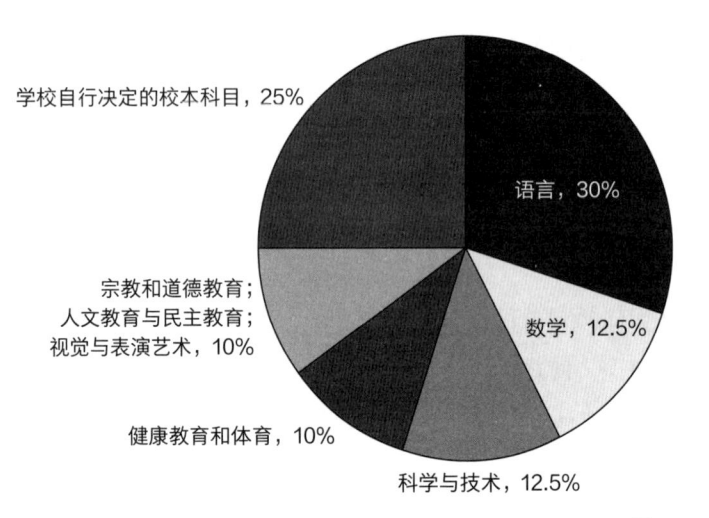

图 5.4 马耳他高中（10—11 年级）课程科目及占比 [1]

1. 语言

到了中学阶段，语言仍然是各个科目中占比最高的。在中学阶段，学生通过学习母语（通常是马耳他语）强化其身份意识和概念发展，而通过学习第二语言（通常是英语）加强使用一门重要国际语言进行沟通的能力。中学阶段的马耳他语和英语的学习范围都有所拓展，包括了语言和文学课程，其中至少有一半的课程是为了提高英语和马耳他语的各种语言技能。马耳他语和英语都是 SEC 考试的科目。如果学生选择了一到两种其他外语，他们也要参加对应语种的 SEC 考试。

2. 数学

中学阶段的数学课一方面巩固之前所学内容，另一方面结合每个学生

---

[1] 资料来源于马耳他教育部官网。

的需求和兴趣促进其能力的进一步发展，帮助学生深化数学知识和增强推理能力，正式接触抽象思维和逻辑推理，通过学习数学建模等更好地了解和应用数学媒介提供的可能性。

3．科学与技术

中学阶段的科学与技术教育旨在发展学生的科学思维，促进其对高阶概念、原则和理论的全面理解，帮助学生通过伦理、经济、社会和道德问题更深刻地理解科学与日常生活的关系，同时帮助学生整合不同学习领域的知识。所有7年级和8年级的学生都要学习核心科学课程。9—11年级的学生如果希望在与科学相关的科目上发挥特长，可以从生命科学、物理科学、材料科学三个方向中选择。选择任一方向后都须参加SEC考试。在科学相关科目方面没有特长的学生可以只学习核心科学课程，但也要参加SEC考试。

4．宗教和道德教育

中学阶段的宗教教育旨在促进学生的全面发展，为他们提供表达其宗教和精神层面想法的语言和技能，同时也鼓励他们思考信仰在今天的社会和文化环境中继续存在的合理性问题。宗教教育充分尊重每一位学习者的独特性。家长有权决定他们的孩子是否接受宗教教育。不参加宗教教育的学生可以参加道德教育课程，但是否设置道德教育课程有赖于各个学校的办学宗旨和教育资源。

5．健康教育和体育

中学阶段的健康教育包括体育、家政学及个人和社会发展内容，旨在促进学生通过运动获得愉悦体验，养成健康的生活方式，对本人、他人和生命形成积极态度，对处理社会、社区和环境问题许下承诺。

6．人文教育与民主教育

在人文教育方面，中学阶段继续学习历史和地理，目标是延续小学阶段的学习。历史课旨在深化学生作为马耳他公民、欧洲公民以及世界公民的身份意识。地理课加深学生对本地、区域和全球环境，以及不同社区之间人员、经济和政治互动情况的理解。人文教育鼓励学生理解可持续发展概念，以及形成保护环境的意识。

中学阶段民主教育的内容包括社会学、环境研究、个人和社会发展及家政学的相关内容，学生除了要积极参与课堂活动和学生社团，还要通过当地社区开展的与课程相关的活动和倡议，以及全国性和国际性的项目及有关活动发展创业技能。

7．视觉与表演艺术

在中学阶段，视觉和表演艺术继续给学生提供发挥创造性和想象力的机会，体验艺术带来的灵感和愉悦，发展视觉和表演艺术技能。课程使学生享受创造的乐趣。学生亦可以在观看其他人表演时获得积极的能量和情绪。这些体验也帮助学生提高表达、沟通和处理不同情绪的能力。

8．其他科目

在进入7年级时，学生一般会学习一门外语，根据本校的情况，可以选择阿拉伯语、法语、德语、意大利语、俄语或西班牙语等。有些学校的学生可以学习两门外语。2017年9月，马耳他教育部将中文纳入马耳他公立中学教学体系，圣玛格丽特中学是马耳他第一所正式开设中文课的公立学校。学校也可以为在核心语言学习方面有困难的学生设计专门的课程。9—11年级，学生有更多科目可以选择。如果学生在核心课程学习方面遇到困难，学校可以建议学生减少科目数量，学校有责任为这些学生制定合适的学习计划。《国家课程框架》推荐的选修科目如表5.8所示。

表5.8 马耳他《国家课程框架》推荐的选修科目[1]

会计	沟通	材料科学
艺术	环境研究	图形设计
商业研究	欧洲研究	生命科学
计算机	地理	物理科学
设计和技术	历史	社会研究
戏剧	家庭经济学	纺织学研究
经济学	外语（阿拉伯语、法语、德语、意大利语、俄语、西班牙语等）	职业技术科目

中学阶段对学生的评价主要从课堂表现、教师评价和学习过程等方面进行，不取决于一次性的考试或测试表现，而是基于一学年的以各种方式收集的信息。《国家课程框架》还建议学校和学院自主制定评价政策，对选择个性化学习方案的学生采取单独的评价方法。学生在毕业时可以获得"中学毕业证书和情况记录"，记录他们在中学五年的学习轨迹，包括正规、非正规和非正式学习情况，出勤记录，以及个人素质的情况。毕业证书将标明《马耳他资格框架》（MQF）级别（2级或1级）。在中学毕业时，学生要参加由马耳他中学教育证书委员会（MATSEC）组织的SEC考试，通过

---

[1] 资料来源于马耳他教育部官网。

考试后，委员会将颁发 MQF 的 2 级或 3 级证书。

根据《国家课程框架》，中学阶段的教育主要是为学生的终身教育奠定基础，鼓励他们继续接受更高级别的教育。中学阶段学习的课程也为他们未来的职业决定奠定基础。自 2017 年 10 月以来，马耳他政府要求所有义务教育阶段的成果评价都要以《学习成果框架》为依据。

第二节 基础教育的特点

上节概述了马耳他基础教育体系的情况。本节将讨论马耳他基础教育的特点和经验。马耳他的基础教育体系由小学和中学构成，基础教育阶段都属于义务教育。马耳他的基础教育体系有以下特点。

一、中央政府高度重视

马耳他政府高度重视基础教育，因为基础教育的质量决定了马耳他的经济与社会发展能否获得足够的智力支撑和人力资源。因此，马耳他的《教育法》赋予了政府指导、规范和监督整个基础教育体系的权力。

早在 1999 年，马耳他教育部就颁布了《国家最低课程标准》。2012 年和 2017 年，马耳他教育部又相继发布了《国家课程框架》和《学习成果框架》，为公立中小学的课程设置和学习成果评价提供了依据。公立学校的学生在小学和中学毕业时都需要参加全国统一基准考试。教会学校和私立学校也在很大程度上参考政府制定的课程框架、评价标准和考试方式。

二、重视不同教育周期的衔接

在马耳他的教育体系中，3—6 岁、7—11 岁和 12—16 岁是三个教育周期，《国家课程框架》明确强调了不同教育周期之间的衔接问题。例如，3—7 岁为一个教育周期，马耳他儿童 5 岁进入小学，但小学 1、2 年级在课程设置和学业评价方面都与幼儿园阶段保持一致，可以视为幼小衔接阶段。又如，小学 3—6 年级的教育周期和中学 7—11 年级的教育周期，其核心课程设置也保持了延续性和连贯性，中学周期的课程内容在小学周期的基础上予以拓展和加深。

三、重视语言学习

马耳他在基础教育阶段非常重视语言学习，英语和马耳他语的课程占中小学总课程量的 30%，而且还鼓励学生至少学习一门其他外语，这与马耳他的特殊历史文化背景不无关系。学习语言和了解文化是紧密联系的，在学习语言，特别是外语的过程中，跨文化理解和沟通的能力也会得到加强。马耳他的学校在中学阶段提供包括中文在内的多种外语供学生选修，这对于增强学生语言能力和拓展跨文化视野很有裨益。

四、将职业能力培养纳入基础教育体系

近年来，马耳他对基础教育阶段课程设置进行调整，一个较为突出的特点是加大力度将职业教育相关科目纳入基础教育体系。例如，从小学 1 年级开始就设置了社会和职业发展课程，到了中学阶段更是大大拓宽了职业

教育科目的范围，为学生提供了大量职业相关课程以供选择。马耳他还高度重视培养沟通能力。以上举措有助于实现学生个人的职业目标，同时也为满足本国经济和社会发展对职业人才的需求打下了坚实基础。

第三节 基础教育的挑战和对策

如上节所述，马耳他的基础教育系统在中央政府的直接领导下形成了比较完备的教学、评价和监管体系，也取得了一些值得借鉴的成功经验。但是，目前该系统仍然面临一些挑战，这些挑战大多是马耳他长期以来没有得到彻底解决的问题，马耳他政府也在积极寻求对策。

一、公立学校管理的集权和分权问题

马耳他的基础教育体系，尤其是公立基础教育体系，主要是由中央政府主导建立和监管的。政府基于法律授权，在课程设置、学生评价，乃至家庭作业等方面事无巨细地制定框架和标准。但是，由中央政府主导的方式也不可避免地存在一些问题，如学校的能动性不能得到充分发挥等。近年来，马耳他政府试图从公立学校的运营者转型为整个教育体系的监管者，在推动整个教育体系改革的过程中也在基础教育层面颁布了一些"分权"政策，以赋予学院和学校更大的自主权。近年来，公立学校自行编制学习材料，作为对教科书的补充，同时用政府下拨的经费购买教学设备和教学材料，期末考试也是各校自己组织实施。虽然年度考试仍由教育行政主管部门统一设计和协调，但各校教师也可以参与编制试卷。每所学校的校长及其团队一起根据国家目标、优先事项和项目制定本校的3年发展规划。目

前，马耳他政府仍努力地在基础教育行政管理的集权和分权模式之间寻找一个平衡点。

二、早期离校问题

"早期离校"或"辍学"是长期困扰马耳他教育体系的一个问题。在欧盟国家，早期离校的定义较为宽泛。凡18—24岁的人员若满足以下两项条件，即可被视为早期离校。

（1）所完成的最高级别教育或培训为初中教育，未完成高中教育。

（2）在调查之前的四周中未接受教育或培训。

马耳他的早期离校率一直高于欧盟平均水平。根据欧盟统计局提供的数据，2020年，马耳他的早期离校率是欧盟国家中最高的，达到16.7%，比2019年提高了0.5%，比最低的克罗地亚（2.2%）高近15个百分点。数据表明，男性早期离校率（19.3%）高于女性（13.9%）。马耳他国内出生者早期离校率（11.7%）比国外出生者低7.9个百分点（19.6%）。欧盟的目标是到2030年，将早期离校率降至9%，目前已有18个成员达到此目标。[1]因此，早期离校率高仍是马耳他基础教育体系当前面临的一个较大问题。

导致早期离校率居高不下的原因之一是近年来有大量的国外学生涌入马耳他的基础教育体系，仅2010—2019年，5—16岁的国外学生人数激增190%。而根据OECD 2018年国际学生评估项目（PISA）报告，仅有12.4%的学生得到了课外语言辅导。[2]这种情况妨碍了需要额外帮助才能跟上学习进度的移民儿童的融入。

为此，2015年，马耳他政府首次发布了有关早期离校的国家政策。该

---

[1] 资料来源于《马耳他独立报》官网。

[2] 资料来源于欧盟出版署官网。

政策涵盖了几项拟于 2020 年前实现的战略。自 2015 年以来，马耳他的早期离校率逐年下降。2021 年，马耳他政府又制定了一项战略——《以全面和包容性方式解决马耳他教育和培训中早期离校问题——未来道路（2020—2030 年）》。该战略的主要目标如下。

（1）确保人人享有具有包容性的优质教育，促进终身学习。

（2）缩小教育的性别差异、校际差异，减少低成就者数量，提高识字、运算和科技能力标准，提升学生成绩。

（3）通过降低早期离校率，帮助处于贫困风险和较低社会经济地位的儿童接受教育。

（4）提高继续教育、职业教育、高等教育及中学生培训的保持率和成就率。

（5）增加终身学习和成人学习的参与率。

该战略主要基于三大支柱，即预防、干预和补偿。每个支柱包含 5 种具体战略举措。该战略倡导学校管理层、教职员工、学习者、家长，以及外部机构等各利益相关方的参与和紧密合作。同时，由数据库项目支持的监控机制也于 2022 年建立，其主要目标就是通过收集学生全教育周期的数据，找到解决早期离校问题的重点领域，进而采取更有针对性的、基于证据的干预措施和对已实施的措施进行更加有效的监控与评估。该项目首先对公立学校 1—11 年级的所有数据进行处理，私立学校和教会学校今后也将被纳入监控范围。同时，在欧盟结构改革支持项目的推动下，马耳他政府正在努力促进移民学习者融入主流教育系统。

三、校园霸凌问题

据 2018 年 PISA 报告，与欧盟其他国家相比，马耳他 15 岁的年轻人幸福感较低，对自己的学校有归属感的学生占比（63.8%）也低于欧盟平均水平（65.2%），这种情况影响到他们对基本技能的习得。据研究，对学校的归属感越强，在测试中得分越高。造成这种现象的原因之一是马耳他基础教育中的校园霸凌现象。校园霸凌现象在马耳他各级各类学校中都是一个重要问题。约有32%的学生报告说每个月至少受到几次欺凌，而欧盟这一比例只有22.1%。马耳他是欧盟唯一一个高成就学生（35.5%）比低成就学生（28%）遭受霸凌比例更高的国家。私立学校中的霸凌现象（34.1%）也高于欧盟平均水平（19.6%）。遭受霸凌会导致学生成绩下降，以及更高的早期离校率和旷课率。有约一半的学生报告说在PISA测试前的两周内至少旷课一天，而欧盟的平均水平为25%。[1]

  提高学生幸福感已经成为马耳他全国性的重要话题。2017年发布的《国家儿童政策》就旨在增进儿童的幸福感。2019年更新的《国家包容政策和框架》重新设计了回应所有学习者需求和社会现实问题的流程和措施。2020年，政府与马耳他大学合作发布了一系列有关教育者幸福感的建议。马耳他社会幸福感基金会和马耳他大学还联合发布了基于世界卫生组织指标的学生幸福感指数。2017年发布的《学习成果框架》也纳入了幸福感和韧性指标，主要体现在个人、社会和职业发展课程上，并采取形成性评价方式。政府向义务教育阶段的学生及其家长提供心理-社会服务，包括心理疗法和职业指导等。政府还出资雇佣"提供学习支持的教育工作者"，在各种类型的学校中帮助可能因为情感、社会、文化或语言障碍而遭遇困难的学习者。

---

[1] 资料来源于欧盟出版署官网。

四、成绩不良问题

根据 2019 年的国际数学和科学趋势研究（TIMSS）调查，马耳他学生的学习成绩在欧盟国家中相对较差。表 5.9 为马耳他学生阅读、数学和科学成绩不良比例与欧盟 27 国平均水平的对比。

表 5.9　马耳他学生学习成绩与欧盟 27 国学生平均成绩对比[1]

科目	2030 年目标	马耳他 2010 年	马耳他 2020 年	欧盟 27 国 2010 年	欧盟 27 国 2020 年
阅读成绩不良	< 15%	36.3%	35.9%	19.7%	22.5%
数学成绩不良	< 15%	33.7%	30.2%	22.7%	22.9%
科学成绩不良	< 15%	32.5%	33.5%	17.8%	22.3%

由表可见，马耳他学生在阅读、数学和科学方面的成绩都不及欧盟平均水平。2010—2020 年，阅读和数学成绩有小幅改善，而科学成绩则呈下降趋势。为解决这一问题，2021—2024 年，1 000 名学习成绩不良的马耳他 6 岁学生将加入阅读恢复项目，目的是让 80% 的参与者在 20 周之后能够做到熟练读写。另外，为教师提供足够的支持和职业发展机会也可以更加有效地发现和回应学生需求。根据 2019 年 TIMSS 测评结果，接近一半的四年级教师都报告说他们在数学课的内容和课程设置方面有未来职业发展的需求，在更高年级实施新的《学习成果框架》也需要在 2021—2022 学年对教师进行培训，使教学与"以学习者为中心"的新教育方法相适应。

2020 年暴发的新冠肺炎疫情使得上述情况加剧，马耳他成绩不良的学生人数增加，学生的学习成就受到负面影响。2020 年的学年考试因为疫情

---

[1] 资料来源于欧盟出版署官网。

取消了，学生只得到一个"预测性的"成绩，2021年考试正常进行，但结果不理想。马耳他语、数学和英语考试中分别有19%、18%和14%的学生不及格。为了让学生不落下学业，政府决定让2020—2021学年旷课率较高的中小学生在暑期接受额外的培训。

可以说，基础教育是马耳他政府十分重视的教育阶段。近年来，在马耳他政府推动的一系列教育改革举措中，不少都是针对基础教育阶段的。马政府认为，基础教育的质量关系到本国经济、社会发展所需的人才质量。对于马耳他这样一个缺乏自然资源的岛国来说，人力资源是国家最重要的财富和发展动力，而优质人才库的建设离不开良好的基础教育体系。面对基础教育中仍然存在的早期离校、校园霸凌、成绩不良等问题，政府正积极采取措施予以应对，努力达到甚至超过欧盟所设定的相关目标。

第六章 高等教育

第一节 高等教育的概况

一、中学后教育 [1]

中学后教育是基础教育和高等教育之间的过渡阶段，又称延续教育。一般来说，马耳他中学生在完成义务教育和通过 SEC 考试后可以选择继续接受中学后教育。接受中学后教育的学生一般在 16—18 岁，他们需要达到特定标准才能进入中学后教育机构。在这些机构，学生可以选择学术或职业教育轨道。中学后教育机构的课程通常都是全日制的，但也有一些校本职业教育课程是可以兼职选修的。学生从中学后教育机构毕业时将达到《马耳他资格框架》4 级水平（MQF 4 级）。2019—2020 学年，中学后教育阶段的学生人数为 9 620 人，其中外国学生 995 人，占总人数 10.3%。中学后教育阶段的学生中，19 岁以下的占 87.8%，16—17 岁的学生占适龄人口的 76.9%。83.7% 的学生在公立学校学习，选择职业方向的学生占 50.4%，略多于学术方向。最受职业方向学生欢迎的专业是服务业（22.7%），其次是健康

---

[1] 马耳他"中学后教育"（post-secondary education）是基础教育和高等教育之间的过渡阶段，又称"延续教育"。因大系未对此阶段设专门章节阐述，且马耳他延续教育和高等教育由同一个机构马耳他延续和高等教育署管理，为行文方便，故本书将中学后教育放在"高等教育"一章予以介绍。

与福利（17.2%）和商业、管理和法律（14.4%）。

中学后教育在马耳他属于非义务的正式教育。中学后教育阶段的目的性更强，教育内容比中学阶段更加聚焦，其中既有为进入高等教育做准备的学术课程，也有秘书学、信息技术学和管理学等职业导向的课程。参加中学后教育的学生也有少数是中学成绩没有达标，或者没有参加SEC考试或预科考试的。

提供中学后教育的机构类型比较丰富，既有公立学校，也有私立学校和教会学校，详见表6.1。在中学后教育阶段，选择学术方向的学生主要为参加高级或中级水平考试做准备，通过这些考试后，他们可以进入大学学习。有的学校，如乔瓦尼·柯米高等中学还可以满足学生补习的需求，若有学生希望再次参加SEC考试，他们可以在该校继续学习SEC的考试科目。该校还设有终身学习中心，18岁以上的成人也可选择个性化的学习计划，只要符合要求，成人可以学习任何级别的科目。职业教育方向的学生可以选择的学校主要有两所，即马耳他人文科技学院和马耳他旅游学院。

公立中学后教育机构不收学费，而且学生还可以获得一些生活补助金。来自困难家庭的学生还可以得到更多补助。教会运营的学院会邀请家长进行捐款，而私立学校是收费的。

表6.1 马耳他的中学后教育机构[1]

机构类型	中学后教育机构
学术方向	青年学院 德拉撒勒学院 圣阿罗伊休斯学院 乔瓦尼·柯米高等中学 瑞法罗爵士高中 圣马丁学院中学 圣爱德华学院

[1] 资料来源于马耳他教育部官网。

续表

机构类型	中学后教育机构
职业方向	马耳他人文科技学院 马耳他旅游学院
复读方向	GEM 16+ 学习中心 乔瓦尼·柯米高等中学 终身学习中心
就业、学徒及其他方向	军警教育机构 Jobsplus（马耳他公共就业服务机构） 私人辅导机构 支持包容和助残障事业的非政府组织 私营机构

二、高等教育现状

马耳他提供高等教育的公立机构主要有三所：马耳他大学、马耳他人文科技学院和马耳他旅游学院。马耳他高等教育委员会2010年的统计显示，共有11所私立院校提供高等教育，但这3所公立高校招生数量占在校生总数的91%，[1]因此马耳他的高等教育体系是由公立院校主导的。

马耳他高等教育的资格层次与英国高等教育的资格层次相似，由低到高依次为：初级证书、一级证书、文凭、拓展文凭、[2]国家高级文凭、学士学位、硕士学位和博士学位。学士、硕士和博士阶段的学习分别被称为第一周期、第二周期和第三周期。

根据马耳他国家统计局的统计，2019—2020学年，高等教育在校生总数为17 053人，比前一学年增加6.1%，其中女性学生占57%。高等教育阶

---

[1] 资料来源于马耳他延续和高等教育署官网。
[2] 这四个文凭主要在中学后教育阶段获得，故下文表6.2、表6.3统计数据未将其包括在内。

段的全日制学生数量为 11 225 人，占总人数的 66%，非全日制学生的数量较之前一学年增长了 15.5%。学生人数最多的是本科阶段（52.1%），其次为硕士阶段（33.4%）。20—24 岁年龄段的学生人数最多（40.6%），其次是 20 岁以下年龄段（19%）。女性学生数量在除博士阶段以外的其他所有阶段都多于男性学生。[1]

2020 年，"短周期"高等教育[2]（国家高级文凭或同等学力，国际教育标准分类第 5 级，即 ISCED 5）在校生人数为 2 237 人，教师人数为 205 人，学士或同等学力（ISCED 6）的在校生人数为 8 891 人，教师人数为 1 182 人，硕士或同等学力（ISCED 7）的在校生人数为 5 693 人，教师人数为 674 人，博士或同等学力（ISCED 8）的在校生人数为 232 人，教师人数为 24 人。自 2013 年以来，以上各级别教育机构的在校生数量和教师人数总体上都呈增长趋势。[3]

2013—2020 年马耳他各级别高等教育在校生人数及教师人数分别参见表 6.2 及表 6.3。

表 6.2 2013—2020 年马耳他各级别高等教育在校生人数 [4]

单位：人

年份	2013	2014	2015	2016	2017	2018	2019	2020
国家高级文凭	2 466	2 147	2 537	2 076	1 682	2 068	2 055	2 237
学士	6 914	6 914	7 026	7 924	8 359	8 553	8 808	8 891
硕士	3 116	3 419	3 540	3 635	4 235	4 452	5 029	5 693
博士	78	95	113	129	149	147	177	232

---

[1] 资料来源于马耳他国家统计局官网。
[2] 主要指 1—2 年的职业导向的高等教育。
[3] 资料来源于马耳他国家统计局官网。
[4] 表 6.2 至表 6.4 数据均来源于马耳他国家统计局官网。

表 6.3 2013—2020 年马耳他各级别高等教育教师人数

单位：人

年份	2013	2014	2015	2016	2017	2018	2019	2020
国家高级文凭	228	217	248	206	192	239	227	205
学士	825	860	896	989	1 024	1 115	1 119	1 182
硕士	373	433	476	460	500	545	589	674
博士	10	13	14	23	19	21	23	24

2020 年，高等教育阶段的毕业生总人数为 4 629 人，其中男性 2 047 人，女性 2 582 人。"短周期"高等教育（国家高级文凭或同等学力，ISCED 5）毕业生人数为 337 人，学士或同等学力（ISCED 6）毕业生人数为 2 570 人，硕士或同等学力（ISCED 7）的毕业生人数为 1 656 人，博士或同等学力（ISCED 8）的毕业生人数为 66 人。按照年龄分组，20 岁以下的毕业生数量为 44 人，20—29 岁的毕业生数量为 3 619 人，30—49 岁的毕业生数量为 854 人，50 岁以上的毕业生数量为 112 人。按照专业领域划分，通用课程和资格毕业生 38 人，教育学毕业生 308 人，艺术与人文学科毕业生 418 人，社会科学、新闻和信息专业毕业生 472 人，商业、管理和法律专业毕业生 1 628 人，自然科学、数学和统计学专业毕业生 184 人，信息和通信技术专业毕业生 300 人，工程、制造与建筑专业毕业生 314 人，农林渔兽专业毕业生 15 人，健康与福利专业毕业生 821 人，服务业专业毕业生 131 人。从表 6.4 来看，最受马耳他学生欢迎的专业领域排名位于前列的是：商业、管理和法律，健康与福利，社会科学、新闻和信息及艺术与人文学科。最不受欢迎的专业为农林渔兽专业。2019—2020 学年，商业、管理和法律专业的学生人数为 4 762 人，占比 27.9%，健康与福利专业的学生数量为 2 982 人，占比 17.5%，而农林渔兽专业的学生人数仅占总人数 0.4%。[1]

---

[1] 资料来源于马耳他国家统计局官网。

表 6.4 2013—2020 年马耳他高等教育毕业生统计

单位：人

年份	2013	2014	2015	2016	2017	2018	2019	2020
总人数	3 803	3 924	3 953	4 113	4 580	4 205	4 870	4 629
按性别划分									
男性	1 684	1 774	1 777	1 900	2 067	1 869	2 092	2 047
女性	2 119	2 150	2 176	2 213	2 513	2 336	2 778	2 582
按受教育程度划分									
"短周期"高等教育（国家高级文凭或同等学力，ISCED 5）	639	589	601	681	720	414	432	337
学士或同等学力（ISCED 6）	2 153	2 108	2 067	2 166	2 506	2 346	2 714	2 570
硕士或同等学力（ISCED 7）	987	1 205	1 255	1 229	1 300	1 392	1 684	1 656
博士或同等学力（ISCED 8）	24	22	30	37	54	53	40	66
按年龄划分									
20 岁以下	159	89	102	93	103	62	54	44
20—29 岁	3 081	3 296	3 225	3 297	3 693	3 362	3 800	3 619
30—49 岁	482	475	538	620	694	671	886	854
50 岁以上	81	64	88	103	90	110	130	112
按专业领域划分									
通用课程和资格	5	10	61	0	0	0	1	38
教育学	312	309	432	348	295	217	428	308
艺术与人文学科	510	541	513	524	536	410	437	418
社会科学、新闻和信息专业	392	394	329	451	435	439	467	472

续表

年份	2013	2014	2015	2016	2017	2018	2019	2020
商业、管理和法律专业	1 130	1 024	1 054	1 189	1 452	1 331	1 660	1 628
自然科学、数学和统计学专业	237	222	336	194	166	196	190	184
信息和通信技术专业	343	375	335	325	363	292	294	300
工程、制造与建筑专业	382	380	309	383	401	371	351	314
农林渔兽专业	13	19	9	27	30	14	17	15
健康与福利专业	407	563	513	585	776	836	887	821
服务业专业	72	87	62	87	126	99	138	131

三、高等教育管理

马耳他的高等教育受马耳他 1988 年《教育法》及其相关修正案监管。《教育法》规定了马耳他大学和马耳他人文科技学院治理和架构的法律框架。

马耳他教育部是最高教育管理机构。2005 年，马耳他资格委员会（Malta Qualifications Council，简称 MQC）成立，其主要职能是从终身学习的角度监督《国家资格框架》的实施和完善，并与学习者、雇主，以及培训教育机构共同实现并保持卓越水平，以期服务于增强国家竞争力的目标。2006 年，国家高等教育委员会（National Commission for Higher Education，简称 NCHE）成立，作为政府在高等和继续教育领域的咨询和建议机构。该委员会所做的工作包括制定和启动马耳他政府奖学金计划，制定延续和高等教育战略，出版延续和高等教育机构在校生财务支持计划指南。2010—2012 年，马耳他资格委员会与国家高等教育委员会合并，成立了延续和高等教育委员会（National Commission for Further and Higher Education，简称 NCFHE）。2021年1月8日，根据当年1月1日生效的《教育法修正案》，在延续和高等教育委员会的基础上建立了马耳他延续和高等教育署（Malta Further & Higher Education Authority，简称 MFHEA），旨在通过监管和推广最佳实践促进和发展马耳他的延续和高等教育。该机构的使命为：通过研究、认证及对《马耳他资格框架》的认可，促进马耳他延续和高等教育的发展并实现卓越。根据《延续和高等教育法》，该机构的主要职能如下：(1)对马耳他境内的延续和高等教育机构进行认证和监管；(2)保障和提高教育质量；(3)就延续和高等教育领域任何问题向政府提供建议。

该机构的主要关注点如下：(1)对延续和高等教育机构进行资质认证；(2)对延续和高等教育阶段的学习项目或课程进行资质认证；(3)为教育机构和项目或课程提供质量保障；(4)认证已取得的和将要取得的国内或国际资格；(5)对正规和非正规学习进行认证；(6)对延续和高等教育领域相关问题开展研究，提供政策建议。

该机构定义，高等教育是指为获得相当于《马耳他资格框架》第5级或更高级别的国内资格，或同等级别的国外资格，而进行的所有非强制性的正规、非正规和非正式学习或研究。

四、高等教育机构简介

马耳他提供高等教育的公立机构只有三所：马耳他大学、马耳他人文科技学院和马耳他旅游学院。其中历史最为悠久的为马耳他大学，马耳他旅游学院建立于1987年，而马耳他人文科技学院成立于2001年。

（一）马耳他大学

马耳他大学始建于 1592 年，是马耳他最重要的公立高等教育机构。马耳他大学的结构符合博洛尼亚进程和欧洲高等教育区标准。马耳他大学的最高管理机构是大学理事会和教务会。

马耳他大学约有 12 000 名学生，其中包括来自 92 个国家的国际学生约 1 000 名和访学学生 450 名，课程有全日制、非全日制学位课程和文凭课程，所有课程都采用模块化和基于"欧洲学分转换系统"（European Credit Transfer and Accumulation System，简称 ECTS）的学分制度。大学为在海外完成中学或高中教育并有资格被本国大学录取但不具备马耳他大学入学要求的国际高中生提供基础课程，以使其有资格进入马耳他大学学习本科学位课程。大学每年有 4 000 多名毕业生。大学的学位课程旨在培养具有研究经验的高素质专业人才，使其日后在工商业和公共事务领域发挥重要作用。另外还有 1 900 名在青年学院上学的预科班学生，他们也归大学管理。

1964 年 9 月 22 日，英联邦秘书邓肯·桑迪斯为坐落在美西达的主校区奠基。另外两个校区分别在瓦莱塔和戈佐岛。瓦莱塔校区位于一幢古老的大学建筑中。瓦莱塔校区经常举办国际会议、研讨会、短期课程和暑期班。戈佐校区是 1992 年建立的，提供非全日制学位、文凭和短期课程，也提供讲座和研讨会场地，还是地球科学系戈斯滕大气研究中心所在地。

马耳他大学目前共有 17 个学院，包括：人文艺术学院、建筑环境学院、牙医与外科学院、经济管理与财务学院、教育学院、工程学院、健康科学学院、信息和通信技术学院、法学院、媒体与知识科学学院、医药与外科学院、科学学院、社会福利学院、神学院、表演艺术学院、基础研究国际学院和博士学院。

大学还建立了多个跨学科研究所和研究中心，包括航空航天技术研究所、英国-意大利研究所、巴洛克研究所、气候变化与可持续发展研究所、创造性思维和创新研究所、数字游戏研究所、外交研究所、地球系统研究所、欧洲研究所、岛屿和小国研究所、语言学和语言技术研究所、马耳他研究所、体育和运动研究所、空间科学和天文学研究所、可持续能源研究所、旅游旅行和文化研究所、生物医学控制论中心、分布式账本技术中心、教育研究中心、英语语言能力中心、创业和企业孵化中心、环境教育和研究中心、劳工研究中心、自由艺术和科学中心、扫盲中心、分子医学和生物银行中心、复原力和社会情绪健康中心、冲突解决研究和实践中心及中国传统医学中心等。

马耳他大学的研究人员负有研究本土或本国问题的特殊责任,研究主题有:本地海洋和陆地动植物、与马耳他球房虫石灰岩有关的特性和保护问题、马耳他历史、地中海贫血症等本土疾病、马耳他语言学,以及岛屿和小国的复原力和脆弱性等。大学还在数字游戏研究、气候变化、超材料、物理海洋学和海洋法等方面开展领先的研究项目。

在与业界的联系方面,马耳他大学与商会、企业、行业以及马耳他公共就业服务机构保持着非常良好和富有成效的关系。大学通过合作项目与以上部门开展互惠互利的合作。大学一方面让潜在雇主了解学生在大学学习的知识和技能,另一方面也对劳动力市场各方面的需求进行评估,以便提供及时和相关的指导。

大学还设立了马耳他大学控股有限公司,公司下设马耳他大学酒店、马耳他大学语言学院(美西达校区)、马耳他大学出版社、马耳他大学公寓以及卡帕拉酒店等诸多子公司。这些子公司是马耳他大学和商业界之间的接口,它们运用大学的资源通过商业活动创造附加价值。母公司为子公司提供战略指导和运营支持。

马耳他大学的学年从每年10月第一周开始,到次年9月30日结束,分为两个学期,有时可能会增加一个夏季学期。一般来说,第一学期在一月的最后一天结束,第二学期在二月的第一天开始。根据复活节的日期不同,学年可能每年略有不同。圣诞节与复活节各休息两周。大学的行政办公室和设施全年开放。

在课程设置方面，马耳他大学的各院、系、所和中心都有制定本部门课程和项目的充分自由。大学实施了博洛尼亚进程，并采取基于工作量的学分体系。在本科阶段的每个级别都提供"学习单元"。所有课程的"学习单元"都按照2003—2004学年以来实行的欧洲学分互认体系执行。马耳他大学的课程以学术性为主，采用模块式教学体系。教学方法因课程要求而异，包括正式和非正式的讲座、研讨、小组项目、辅导、实验室或工作坊工作、田野工作等。教师可以自由选择教学方法和工具。

图书馆是学生学习的重要参考来源。图书馆提供多个领域的在线期刊阅览、电子索引服务和书目数据库，通过组织参观、讲座以及提供信息服务等帮助学生进行学习和研究。此外，图书馆还提供馆际互借和海外影印服务。

为增强学生的就业力，一些学院、研究所和中心采取系列举措，帮助学生熟悉职场，其中包括提供各种实习机会，如让教育学院学生担任实习教师，信息和通信技术学院的学生参与行业相关项目等。一些课程还将工作经验融入学术课程，如医药与外科学院的部分课程与工作直接相关，学习护理和其他健康科学课程的学生会有在医院或诊所工作的机会。许多学院组织学生在本地或到国外参观学习。暑假期间，学生可以选择在各种机构中实习，一些学生可能在完成学位课程后直接获得实习机构提供的工作机会。不少职业对毕业生有工作时长和工作经验的要求。

在国际合作方面，马耳他大学是欧洲大学协会、欧洲接入网络、英联邦大学协会、乌得勒支网络、桑坦德大学集团、孔波斯特拉集团、欧洲大学终身学习协会和国际学生交流计划的成员。多年来，马耳他大学参与了许多欧盟计划，并与各伙伴大学联合申请了一些项目。马耳他大学的师生经常参加"伊拉斯谟"和"莱昂纳多"等计划。

近年来，马耳他大学进行了结构重组，以适应博洛尼亚进程和欧洲高等教育区的要求。大学有来自90多个国家的国际学生，同时也定期接待"伊拉斯谟"计划或其他交流计划的学生。大学的国际协作计划提供一年制的国际硕士双学位或联合学位项目。大学还提供国际短期课程，其中有学分和非学分课程，课程长度由课程性质决定。国际协作计划会在暑期举办一系列面向公众和专业人士的夏令营。夏令营所有活动都在瓦莱塔校区举办。国际协作计划也为国外大学组织赴马耳他大学学习提供支持，提供包括学术、后勤、住宿和文化及社会活动组织等多项服务。

（二）马耳他人文科技学院

马耳他人文科技学院成立于2001年，它的使命是：根据个人和经济的需要，提供具有国际视角的普及性职业和专业教育及培训。马耳他人文科技学院提供190余种全日制和300种非全日制的职业课程，涵盖《马耳他资格框架》1—8级。马耳他人文科技学院在马耳他岛有6个学院，在戈佐岛有一个分校，6个学院分别是应用科学学院、创意艺术学院、工程和交通学院、工商管理和商业学院、社区服务学院、信息与通信技术学院。马耳他人文科技学院与业界保持紧密联系，课程体系设置灵活，并根据全球和本国经济不断变化的需求调整，以提供符合社会和经济发展需求的优质课程。

在《马耳他资格框架》下，马耳他人文科技学院为没有取得任何正式资格、未接受正规学校教育的学生提供1级和2级课程，旨在帮助他们至少获得3级或以上职业资格。学院还为那些希望从事技术员工作或希望继续深造的学生提供4级课程。学生完成学院的5级和6级课程可以获得本科学位。2019年，学院在7个项目中引入了"学徒学位"。2021年，学院启动了第一个《马耳他资格框架》8级博士项目。

马耳他人文科技学院的学年安排与马耳他大学类似。2021—2022学年第一学期于2021年10月4日开始，2022年1月28日结束，第二学期于2022年2月7日开始，2022年6月3日结束。

学院有基于终身学习理念设置学习和培训课程的充分自由。课程设置是同学生、教师及来自不同经济部门的各利益相关方在考虑不断变化的经济环境后协商制定的，以确保课程设置中的知识、技能和能力具有相关性。课程包括涵盖关键能力的单元，也有与相关职业有关的基础知识和技能单元。基于工作的学习也是马耳他人文科技学院职业课程项目的核心要素，通过相关工作经验的积累与理论学习相结合帮助学习者为就业做好准备。学院师生都大量使用ICT技术，图书馆和学习资源中心也为学生开展研究提供了支持。

在就业方面，学院设立了支持和咨询服务部门，为学生提供学院全日制和非全日制课程的各种信息，同时也为每名学生提供入学前和在学期间的支持。服务内容包括职业指导和咨询、个人咨询和组织团体活动等。

马耳他人文科技学院目前提供30余种硕士学位，表6.5为学院提供的硕士学位一览表。

表6.5 马耳他人文科技学院硕士学位一览[1]

研究方法学硕士	职业教育应用研究4.0硕士（企业、管理和商业）
研究学硕士	职业教育应用研究4.0硕士（健康和社会关怀）
工业4.0人工智能硕士	职业教育应用研究4.0硕士（工程和交通）
先进临床实践科学硕士	职业教育应用研究4.0硕士（信息与通信技术）
职业健康实践科学硕士	职业教育应用研究4.0硕士（媒体）

[1] 资料来源于马耳他人文科技学院官网。

续表

环境工程科学硕士	职业教育应用研究 4.0 硕士（酒店）
整体水资源管理科学硕士	职业教育应用研究 4.0 硕士（化学技术）
小企业工商管理硕士	职业教育应用研究 4.0 硕士（环境技术）
零售学硕士	职业教育应用研究 4.0 硕士（农业企业）
精益企业科学硕士	职业教育应用研究 4.0 硕士（理发与美容）
社会关怀实践硕士	职业教育应用研究 4.0 硕士（马耳他语）
运动和体育科学硕士	职业教育应用研究 4.0 硕士（英语）
产品设计艺术硕士	职业教育应用研究 4.0 硕士（设计）
机械工程和可持续技术科学硕士	职业教育应用研究 4.0 硕士（艺术）
航空工程科学硕士	职业教育应用研究 4.0 硕士（体育）
机械电子科学硕士	职业教育应用研究 4.0 硕士（科学）
信息技术和系统科学硕士	职业教育应用研究 4.0 硕士（个人、社会和职业发展）

在国际合作方面，马耳他人文科技学院与多所国外大学建立了合作伙伴关系，如哈加-赫利亚应用科学大学、塞浦路斯沟通艺术欧洲大学、格罗宁根大学医学中心和堪培拉大学等。该学院还积极参加欧洲技能大赛。欧洲技能大赛由欧洲技能促进组织主办，旨在提高欧洲年轻人的技能，促进职业教育培训和工匠精神的培养。

学院还与多所国外大学合作开发可取得国际证书的新课程。通过国际合作，学院加强了与欧洲其他教育机构的合作。职业轨的师生也有机会在欧洲和国际上发挥更积极的作用。学院目前正在实施欧洲国际化战略，重点增强学院在欧盟的影响力。为此，学院确定了 6 项关键行动：（1）提供便于获取的关于"伊拉斯谟+"计划的信息；（2）与欧洲其他学院建立牢固的关系；（3）通过促进学生交流，支持学生在欧洲的发展；（4）专注教职工的专业发展，提升教职工在国际和多元文化环境下工作的技能；

（5）增强国际研究合作伙伴关系；（6）与现有的欧洲伙伴开发一系列项目和更好地协作。

（三）马耳他旅游学院

马耳他旅游学院成立于1987年，是一所旨在满足酒店和旅游行业不断变化的需求的高等教育机构。学院靠近马耳他国际机场，在戈佐岛的加拉还有一个校区，目前提供《马耳他资格框架》2—7级的课程。学院的主要目标是为旅游行业培养人才，其课程设置结合专门性和通用性技能与能力，融合理论与实践，着眼于现代领导力培养。学院课程由经验丰富的教师教授。学院提供多个专业实验室，确保学生接受必要的理论和实践教育。学生的作业包括书面作业、音视频演示和实操展示，其中实操部分最为重要。学生还需要参加导师组织的指导课，这些课主要是为学生提供职业指导、对学习表现进行反馈和给予其他一些必要的支持。参加指导课也可以获得学分。

学院的学位项目以及酒店管理专业国家高级文凭项目都要求学生必须参加14周的本地实习和12个月的国外实习。所有全日制学生都必须在暑期到与本专业相关的本地单位进行实习。去国外实习的学生需要自己安排行程和保险。学生通过实习有机会将课堂所学应用到实际工作中，同时也有机会与业界人士结识。这些都为他们毕业时找工作创造了机会。在就业方面，学院提供课程帮助学生获得相关行业需要的基本技能，学生的就业范围包括马耳他和其他一些欧洲国家。

学院目前提供两个硕士学位，一个是国际酒店管理硕士（阿联酋酒店管理学院），另一个是遗产解读学位。表6.6为国际酒店管理硕士的课程模块，学生须修够《马耳他资格框架》7级的90个ECTS学分。

表 6.6 马耳他旅游学院国际酒店管理硕士课程设置 [1]

课程编号	课程名称
MSTR7001	商业研究应用统计学
MSTR7004	商业世界中的法律与伦理（选修）
MSTR7003	跨文化销售与营销（选修）
MSTR7008	硕士论文写作
MSTR7006	商业研究模型
MSTR7005	服务运营管理
MSTR7009	数字营销（选修）
MSTR7011	创新领导力（选修）
MSTR7007	酒店资产管理
MSTR7012	人力资本管理
MSTR7013	制定和监控企业战略
MSTR7014	特殊兴趣旅游（选修）
MSTR7010	活动运营和风险管理（选修）

马耳他旅游学院还设有电子学习技术中心、清洁科学中心、文化与遗产研究中心、巧克力学院、美食美酒研究中心等 5 个研究机构，在各自领域开展研究与合作交流。

在国际化方面，马耳他旅游学院与阿联酋酒店管理学院签署了学术合作关系，该学院是全球旅游和酒店管理领域排名前十的机构之一。除此以外，学院多年来还与多所顶级国际大学和机构签订了协议，以确保学生有机会在这些知名机构学习，获得更全面的经验和发展技能，满足不同的国际标准。学院与芬兰哈加-赫利亚应用科学大学和法国保罗·博库塞学院密切合作，分别提供国际酒店管理学士和烹饪艺术学士学位课程。

---

[1] 资料来源于马耳他旅游学院官网。

学院的国际化还体现在生源的国际化上，有来自法国、突尼斯、约旦、土耳其、土库曼斯坦、尼日利亚、波兰等国的学生。在"伊拉斯谟+"计划支持下，国外高等教育机构的学生可以到学院来学习一学期或一学年。学院的学生也有机会去国外学习，或在欧盟企业实习。职业轨的学生也有机会在其他欧盟国家接受培训。目前学院正与芬兰哈加-赫利亚应用科学大学合作培训 19 名讲师。这些讲师将接受高级培训，并获得酒店管理专业硕士学位。

第二节 高等教育的特点

一、"双轨制"高等教育系统

马耳他的高等教育体系明确划分为学术教育和职业教育两条轨道，这种双轨制在义务教育结束后的中学后教育阶段就开始了。如前所述，在中学后教育阶段，一部分学生选择学术轨，即相当于读大学预科，为参加大学入学考试做准备，进而进入大学学习；而另一部分学生则选择职业轨，即接受职业相关领域的培训，进而进入马耳他人文科技学院或马耳他旅游学院接受高等职业教育。这一双轨制体系使学生在义务教育结束后就确定了非常明确的职业方向。

二、高等教育体系规模较小

马耳他是一个微型岛国，其高等教育体系规模也很小。虽然在过去几年接受高等教育的人数总体呈增长趋势，但加上中学后教育，学生总人数也不过2万余人。马耳他大学、马耳他人文科技学院和马耳他旅游学院是马耳他的三所公立高等教育机构，它们的学生人数占高等教育总人数的90%以上。马耳他大学拥有门类齐全的学科设置，是马耳他高层次人才培养的主要机构。对于马耳他这样一个国家来说，社会和政府都对公立大学给予了更多期望，因此马耳他大学这样一所综合性大学也就肩负了更加多元的职能。马耳他大学下设的多个研究中心是马耳他科学研究与社会需求的重要对接口。同时，马耳他大学还肩负着众多的社会功能，如举办幼儿园、组织中学毕业考试等。

在小学、中学和中学后教育阶段，私立学校扮演了重要角色。但到了高等教育阶段，私立院校的地位和作用明显弱化了，虽然有十几所私立高等院校，但它们的实力和吸引力都远不如公立院校。私立院校通常会通过与国外大学合作办学吸引学生。

三、高等教育得到的支持力度较大

近年来为增加高等教育参与度，马耳他政府做出了较大努力，如进一步消除学生的经济障碍。马耳他和欧盟其他国家公民参加全日制"第一周期"和"短周期"项目学习不需要支付学费。在硕士阶段，如果学生是为了将来从事一个受监管的职业而攻读硕士学位，他们不仅不需要付学费，而且还会得到一笔生活津贴。2019—2020学年，95%的"第一周期"全日制学生都获得了这笔津贴，"第二周期"获得这笔津贴的学生比例为45%。根据2022年预算，对中学后和高等教育在校生的生活津贴还将增加10%。如果学生是边工作边学习，每周工作时间不超过25小时，也可以获得生活津贴。除了已有的财政资助措施外，为应对新冠肺炎疫情，马耳他大学还在首次封校期间启动了"学生团结基金",用于支持由于疫情而面临财务困难的居住在马耳他的兼职或全职大学生。

四、高等教育不断迈向国际化

通过积极加入博洛尼亚进程和欧洲高等教育区等倡议,马耳他的高等教育体系正在不断迈向国际化。上文已经提到马耳他大学、马耳他人文科技学院和马耳他旅游学院都在加快国际化办学进程,不仅与欧盟其他国家开展国际合作,而且积极拓展与包括中国在内的欧盟以外国家的交流合作。

马耳他负责实施博洛尼亚进程的是延续和高等教育署,它开展了一项名为"推动马耳他的博洛尼亚进程(2014—2016年)"的"伊拉斯谟+"计划。该计划将进一步提升马耳他的高等教育完成率,同时保证马耳他的大学毕业生有充分的就业能力。"伊拉斯谟+"计划是欧盟高等教育和培训领域的旗舰项目。伊拉斯谟大学宪章为高等教育机构之间的合作提供了全面框架。马耳他2000年就加入了"伊拉斯谟"计划,马耳他人文科技学院和马耳他旅游学院分别于2005和2006年获得伊拉斯谟大学宪章。马耳他的学生、教师和行政管理人员均可申请"伊拉斯谟"计划资助出国学习或实习。

第三节 高等教育的挑战和对策

得益于马耳他政府的各种举措,尤其是博洛尼亚进程的实施,马耳他高等教育近年来取得了长足发展,重要体现之一就是参加高等教育的人数和获得高等教育学位的人数双双增加，但是马耳他高等教育的发展仍低于欧盟平均水平。

一、高等教育普及率低于欧盟平均水平

近年来，马耳他获得高等教育学位的人数有了较大增加，自2010年以来增加了15.8个百分点。这一增长是欧盟国家中最高的，而且也超出了马耳他政府的预期。在2014年马耳他财政部颁布的《欧盟2020年战略下的马耳他国家改革计划》中，曾将2020年获得高等教育学位的人数比例目标设置为33%，但2020年的实际比例已经达到40.1%。尽管这一比例增长较快，但目前仍低于欧盟平均水平，也低于欧盟2030年目标。根据欧盟《教育与培训监测报告（2021年）：马耳他》，2020年，在获得高等教育学位的人群中，马耳他本地人的比例为37.7%，低于欧盟国家移民的51.3%和非欧盟国家移民的46.3%，也低于欧盟平均水平41.3%，而外国移民获得学位的比例均高于欧盟平均水平。[1]

同时，马耳他18—24岁青年人的早期离校率也有较大幅度的降低，2010年早期离校率为21.4%，《欧盟2020年战略下的马耳他国家改革计划》设定的目标为2020年降至10%，2020年马耳他的实际早期离校率为12.6%，并没有达成目标，同时也高于欧盟平均水平（9.9%）。2020年，马耳他本地人的早期离校率为11.7%，非欧盟国家移民的早期离校率为26.2%，而欧盟国家这两项的平均水平分别为8.7%和23.2%。[2]

为增加参与高等教育和获得学位的人数，降低早期离校率，马耳他大学校长和马耳他工商联合会共同提出了以下建议：（1）增加接受高等教

---

[1] 资料来源于欧盟出版署官网。

[2] 资料来源于欧盟出版署官网。

育的年轻人的数量；（2）促进延续和高等教育阶段职业轨和学术轨之间的转换；（3）支持和鼓励个人边工作边接受教育，包括通过远程和线上方式学习；（4）扩大高等教育规模，吸引外国教育机构来马耳他办学，服务多元学生群体，吸引外国留学生；（5）确保为高等教育机构和在校学生提供可持续的资助支持机制。

基于上述建议，《马耳他高等教育战略》（Higher Education Strategy for Malta，简称 HESM）提出以下具体对策：（1）确保通过足够和可持续的资助提供有力支持；（2）强化以学生为中心的学习方式；（3）加强职业教育服务；（4）进一步完善对非正规和非正式学习的认可制度；（5）确保高等教育项目实现工作、学习和家庭生活的平衡；（6）推动线上学习成为扩大高等教育规模的重要手段；（7）提供更多有关项目的信息，增强项目的多样性；（8）持续开展关于参与度、获得学位情况和社会维度等数据的定期收集工作；（9）增加有特殊需求的学生的参与度；（10）增强不同教育路径之间的互通性。

二、高等教育须在提高就业能力方面发挥更大作用

影响年轻人进入高等教育机构学习的一个重要因素就是劳动力市场，因为不少年轻人认为学校教育并不能帮助他们在劳动力市场上找到更好的工作。但是，低学历的年轻人找工作越来越困难，失业率不断攀升，不同教育程度的人群失业率相差悬殊。2004 年 12 月，马耳他年轻人的失业率高达 16.6%，2018 年 12 月降至 9.1%，后受新冠肺炎疫情影响，2020 年 12 月又上升到 10.9%。

为降低失业率，马耳他政府制定了一系列计划。政府先后制定和实施了《国家课程框架》《国家青年政策（2015—2020 年）》《马耳他预防辍学战

略规划》等政策。在《马耳他预防辍学战略规划》中,提出了预防、干预和补偿三种主要策略。高等教育机构的作用主要体现在补偿方面,通过各种措施帮助早期离校的年轻人回到教育和培训领域。高等教育机构开放更多名额,吸引更多年轻人进入高校学习,有助于提升他们的就业能力,降低失业率。近年来,兼职参加延续或高等教育的年轻人数量有所增加,一方面当然是由于政府的激励政策使然,另一方面也是学生在职业发展中因为没有高等教育学历而遇到了瓶颈,希望获得高等学历来实现更好的职业发展。

第七章 职业教育

第一节 职业教育的发展和现状

欧洲职业发展培训中心将职业教育与培训（Vocational Education and Training，简称 VET）定义为，旨在使人们具备特定职业或更广泛的劳动力市场所需的知识、专门技能或能力的教育和培训。

一、职业教育发展简史

马耳他的职业和技术教育源自 14 世纪。当时的马耳他人大多数从事建筑、家具生产和银匠工作，由行会提供一些非正式的培训。圣约翰骑士团统治时期，一些造船业和修船业的工人接受了技能培训，此时还建立了一所航海学校。英国人统治时期，利用马耳他的战略位置和航海知识打造了一支地中海舰队。1807 年，海军司令发出号召，招募 7 年制的学徒。这支舰队就是 19 世纪至 20 世纪上半叶主要的技术教育机构——船坞学校的前身。

二战后，技术教育得到加强，1952 年颁布的《行业培训法》要求雇主对培训进行投资并开展定期的学徒培训。20 世纪 50—60 年代，马耳他政府以英国模式为模板，设立了几所中等技术学校，其中就有马耳他人文科技学院的前身——马耳他理工学院。该学院提供酒店管理、工商管理、土木工程、机械电子工程等专业课程。20世纪70年代，马耳他政府对义务教育体系进行改革，并设立职业学校。这些新的职业学校将75%的教学时间用于传授职业技能。与此同时，提供后义务教育阶段的技术培训机构也得到巩固与发展。20世纪80—90年代，由于受到关注不够、缺乏投资和发展不足，这些职业学校陆续关闭。

2001年，马耳他人文科技学院重建，合并了当时大多数后义务教育阶段的职业教育与培训机构。马耳他人文科技学院的重建开启了马耳他职业教育与培训的新纪元，成为优质职业教育和培训的催化剂。

20世纪70年代以来，马耳他政府以教育公平和质量为目标，开启了教育和培训体系的改革进程，使之符合国家发展需求。进入21世纪后，由于社会经济发展和劳动力市场的需求，马耳他政府日益重视职业教育，在延续和高等教育阶段重点发展职业教育与学术教育的"双轨"体系。近年来，马耳他政府还加大力度，将职业教育相关课程融入义务教育阶段的课程，特别是中学阶段的课程。2011年，马耳他政府推出了全国性的3年职业试点计划，在一些公立和非公立学校中提供4个职业领域的职业资格证书。学生可以选择本校开设的相当于《马耳他资格框架》3级水平的选修职业科目。该计划使得职业教育不再局限于专门的职业学校，而是融入普通中学义务教育体系中。

2012年发布的《国家课程框架》对中学阶段引入职业教育科目的目标和作用进行了较为详细的说明，并且明确要求学校为高中阶段的学生提供多门职业相关的选修科目。《国家课程框架》强调，中学阶段的职业科目将为接受义务教育的学生提供更多发挥潜力的机会。这些科目采取的"干中学"的教学方法将确保学生在竞争激烈的劳动力市场上找到更好的工作，享受更好的工作环境，在工作之后有更多机会接受进一步的教育和培训。

引入职业教育相关的科目是为了使学生拥有更加多样化的学习机会，

丰富他们的学习体验,满足学生的学习需求和兴趣,特别是那些对实用技能有强烈兴趣的学生的需求。这些科目能提供更多的实践机会,也能与职场相联系。通过在校期间体验与职业相关的活动,学生有机会熟悉各种职业,在一个专业的环境中学习知识、掌握技能、提高能力,并了解职场要求,这些都有助于实现他们的职业抱负。

职业教育相关科目的教学内容主要有以下特征:激励学生参与实践性活动;选择富有挑战性的学术和职业发展活动;借鉴职业研究和马耳他职场发展趋势研究的相关成果,既提供每个学习领域的基础知识和必要概念,也传授该领域的最新知识和实践经验。而通过学习这些科目,学生可以通过技术应用和实践理解相关领域的基础理论和概念,在真实环境中提高自己的应用技能,探索自己在特定专业技术领域的终身职业方向。

从2015年开始,马耳他的公立、教会和部分私立学校的14—16岁的高中学生都可以选择一至两门职业教育相关课程。这些课程主要是根据行业和劳动力市场的需求提供的,主要包括信息技术、酒店、健康与社会关怀、工程技术和农商业等课程。

在后义务教育阶段,超过16岁的学生可以选择初中、高中或中学后教育级别的职业教育和培训项目,可选择的学校有马耳他青年学院、乔瓦尼·柯米高等中学、马耳他人文科技学院和马耳他旅游学院等。当然,除上述公立院校外,他们也可以选择私立院校。

二、职业教育现状

(一)职业教育路径

马耳他学生在义务教育阶段获得的资格级别决定他们开始接受职业教

育时的级别以及发展路径。

对于获得《欧洲资格框架》（EQF）1级资格的学生，他们完成一年的入门和基础课程，可以获得 EQF 1级或2级证书。这个级别最受欢迎的专业是制造、建筑、艺术和人文。获得证书的学习者可以继续参加1—2年的学徒计划，并最终获得 EQF 3级的职业教育与培训文凭。

对已获得 EQF 2级资格的学生，他们完成2年的校本课程，可以获得 EQF 3级的职业教育与培训文凭。这个级别的大多数学习者选择的是信息通信技术、健康与福利、工商管理或法律专业。获得2级证书的学习者也可以参加这些课程的学习。

已获得 EQF 3级的学习者通过学习职业教育相关课程，可以获得 EQF 4级的高级职业教育与培训文凭。已获得职业教育与培训文凭的学习者也可以参加这些课程的学习。

学习者在获得高级职业教育与培训文凭后，可以选择参加2年的校本课程学习，并获得职业教育与培训高等文凭（EQF 5级）。该文凭等同于学习两年大学课程后获得的学位。获得高等文凭者可以继续进入第三年的职业教育与培训本科课程学习。获得职业教育与培训高等文凭的马耳他旅游学院毕业生还可以选择在马耳他大学继续攻读旅游专业本科学位。

目前，马耳他人文科技学院提供的职业教育与培训本科和硕士学位分别如下。

（1）3年制非全日制本科学位（EQF 6级）。该学位课程旨在为已经或准备在职场工作的学习者提供知识、技能和能力，使其有效且自信地担任专业教师、导师、辅导员，以及快速变革的行业中的教育变革设计者和实施者。

（2）3年制非全日制硕士项目（EQF 7级）。2016—2017学年设立了针对小企业的工商管理和商业信息学硕士课程。获得马耳他大学本科学位或马耳他人文科技学院职业教育与培训本科学位的学生可以攻读上述学位。

马耳他旅游学院提供两个硕士学位（EQF 7 级），分别是遗产解读艺术硕士和国际酒店管理中的商业管理硕士。

为推动马耳他职业教育和培训发展，马耳他政府借鉴《欧洲资格框架》（EQF）制定了《马耳他资格框架》（MQF）。该框架将职业教育提升到与学术教育平齐的水平，使职业教育与培训和高等教育之间有了互通性。例如，学习者在获得 EQF 4 级证书后，既可以选择在职业教育领域继续深造，也可以转入学术教育领域。《马耳他资格框架》的制定是马耳他职业教育与培训发展史上的里程碑，也是马耳他政府努力推动的终身学习计划的重要抓手。

为吸引更多学习者参与职业教育与培训、培养高质量的专业技术人才，马耳他政府还积极推行国家学徒计划，包括"学徒计划"和"扩展技能培训计划"，由马耳他人文科技学院负责管理和运行。学院与雇主、学生签订协议，与地方产业部门合作开发学徒制标准，为基于工作的学习和培训项目制定标准检测程序。在学徒计划的最后阶段，由独立的委员会考察候选学徒，通过测试的学徒将被授予工匠或技术员级别的熟练工人证书。学徒计划和《欧洲资格框架》《马耳他资格框架》的等级描述相匹配，促进了学习者在欧盟劳动力市场的自由流动。马耳他人文科技学院将一半以上相当于 EQF 3 级和 4 级的项目作为学徒制项目实施。2016—2017 学年，EQF 3 级项目中约 18% 的学习者是学徒，而 4 级项目中约 40% 的学习者是学徒。[1] 2019 年，马耳他人文科技学院在 7 个专业中引入了学徒学位。

（二）职业教育管理

义务教育阶段的职业教育和马耳他人文科技学院的职业教育由马耳他教育部管理，而马耳他旅游学院则归马耳他旅游部管理。马耳他延续和高

---

[1] 朱姗，罗先武. 马耳他职业教育与培训质量提升策略及启示 [J]. 潍坊工程职业学院学报，2018（9）：45.

等教育署负责马耳他延续和高等教育的许可、认证和质量保障，职业教育和培训项目的课程也由其认证。在该机构的网站上列出了通过认证的 VET 项目。该机构的认证标准有以下两条。

（1）项目符合《欧洲资格框架》《马耳他资格框架》和欧洲职业教育与培训学分体系（European Credit System for Vocational Education and Training，简称 ECVET），并在马耳他和其他欧盟国家得到承认。

（2）项目能够回应和满足现有行业、企业、教育机构或社区需求，产生适当的育人成果，为评估提供良好的基础，并满足国家质量保障要求。

马耳他延续和高等教育署也负责职业教育和培训的质量保障，为此制定了《全国延续和高等教育质量保障框架》。这是欧盟国家制定的首个延续和高等教育质量保障框架，兼顾了职业教育和高等教育的质量保障。框架为从内部和外部进行质量保障的教育机构提供指导，以期促进其教育项目产生更优质的学习成果。

马耳他延续和高等教育署还负责职业教育与培训的资格认证，具体负责机构为资格认证信息中心（Qualifications Recognition Information Center，简称 QRIC）。该中心是欧盟国家学术认证信息中心网络（ENIC-NARIC）的马耳他联络中心，根据《马耳他资格框架》和《欧洲资格框架》对本地和国际资格开展认证。中心还协助对在马耳他国内获得的资格进行国际认证。

为推动职业教育和培训发展，马耳他政府近年还仿照欧盟的"职业教育与培训卓越奖"，推出了"马耳他职业教育与培训奖"，旨在增强对职业教育与培训的关注度，展示马耳他职业教育领域的成功实践，提升关注度。该奖项每年 11 月评比，次年 2 月举行颁奖典礼。2021 年 2 月颁发了三个奖项，分别是在岗培训奖、职业教育与培训 / 应用型课程学生奖和职业教育与培训 / 应用型课程教师 / 培训师 / 讲师奖。

职业教育在《马耳他资格框架》和《欧洲资格框架》中的定位见表7.1。

表7.1 职业教育在《马耳他资格框架》和《欧洲资格框架》中的定位 [1]

《马耳他资格框架》/《欧洲资格框架》级别	资格		适用于职业教育资格的学时分布（《欧洲资格框架》1—5级）		
8/8	博士学位		—		
7/7	硕士学位 研究生学历 研究生证书		核心能力	行业技能	理论
6/6	学士学位				
5/5	本科文凭 本科证书	高级职业教育与培训文凭 预科学位	10%	45%	45%
4/4	预科证书 高级 中级	职业教育与培训文凭	20%	40%	40%
3/3	普通教育（3级） SEC 1—5级	职业教育3级	40%	30%	30%
2/2	普通教育（2级） SEC 6—7级	职业教育2级	60%	20%	20%
1/1	普通教育（1级） 离校证书	职业教育1级	70%	15%	15%
B	入门B级		—		
A	入门A级		—		

---

[1] CEDEFOP. Vocational education and training in Malta: short description[M]. Luxembourg: Publications Office of the European Union, 2017: 45.

第二节 职业教育的特点

一、政府大力推动，吸引力日渐增加

近年来，为大力推动职业教育与培训的发展、应对和解决本国劳动力市场面临的挑战，马耳他政府采取了多项举措。

首先是《马耳他资格框架》的制定。该框架制定后，打通了职业教育和普通教育之间的转换通道，也奠定了马耳他与欧盟其他国家职业教育之间的互认基础，从而使得职业教育的地位得到提升，同时也转变了社会对职业教育的态度。

其次是在中学阶段引入职业教育相关科目。马耳他政府对义务教育阶段的中学课程体系进行改革的目的就是增加选修职业和应用型科目的学生人数，提高教育路径的灵活度，增强职业教育与培训的吸引力。2019—2020 学年，约有 30% 的高中生选修了职业教育与培训课程，保持了 5 年以来的增长态势。

最后是政府对职业教育的规划、管理和监督。《马耳他教育战略框架（2014—2024 年）》强调将继续在终身教育的背景下，支持职业教育，特别是主流教育体系中的职业教育现代化，支持学徒制、实习制和基于工作和职场的学习项目。目前，马耳他有 2 所公立高等职业教育与培训机构，其中马耳他人文科技学院由教育部管理，马耳他旅游学院归旅游部管理。2018 年旨在监管"基于工作的学习"和学徒计划的《基于工作的学习和学徒法》出台，将"基于工作的学习"视为职业教育的核心，并规定学徒在接受在岗培训时可以得到雇主发放的工资和政府发放的津贴。

马耳他政府的系列措施增强了职业教育的吸引力。据 2016 年"欧洲晴雨表"有关职业教育的调查显示，在欧盟国家中，职业教育在马耳他的受欢迎程度最高。目前，马耳他私立职业教育与培训机构也在逐步增加。

二、健全的外部质量保障机制

如前所述,马耳他延续和高等教育署在保障职业教育与培训中发挥了重要作用。它的职责包括对延续和高等教育机构的办学许可、资格认证、质量保障以及对非正规和非正式学习的认证,从国家层面保障了职业教育与培训的高质量发展。马耳他政府对职业教育与培训采取内部质量保障机制与外部质量保障体系相结合的方式,以促进职业教育"质量文化"的构建。

2015年,由马耳他延续和高等教育署的前身马耳他延续和高等教育委员会推出《全国延续和高等教育质量保障框架》,这在欧盟国家中属首创。该框架涵盖职业教育、高等教育和成人教育,并强调马耳他在哥本哈根进程中对职业教育与培训质量保障的责任和义务。质量保障框架的审核标准如《马耳他资格框架》、欧洲学分转换系统(ECTS)和欧洲职业教育与培训学分体系(ECVET)中的学分制等,都有助于促进马耳他职业教育与高等教育的相互转换和认可,并在职业教育与培训中有关质量和学习环境的关键领域提供指导。根据该框架的规定,外部质量审核人员应包括30名具有职业教育与高等教育背景的学生陪审员、40名同行专家,以及4名国家延续和高等教育委员会的工作人员。[1]

第三节 职业教育的挑战和对策

一、职业人才供不应求问题

马耳他近年来经历了较快的经济增长,但同时也面临着人口老龄化、

---

[1] 朱姗,罗先武.马耳他职业教育与培训质量提升策略及启示[J].潍坊工程职业学院学报,2018(9):47.

就业率较低以及学历较低的成人占比较高等问题。这些问题带来的后果是国内的劳动力供给不能满足增长需求，特别是在一些特定的专业领域，职业人才供不应求。例如，在健康、金融和信息通信技术等行业，雇主在雇佣合格的工人方面挑战重重；与此同时，文秘、服务和销售，以及机器操作和组装领域的劳动力也很缺乏。过去几年有不少外国人涌入马耳他的劳动力市场。2021年1月，马耳他公共就业服务机构估计26.9%的劳动力为外国人，其中44.7%，即31 658人来自欧盟其他国家。马耳他的职业技术人才供不应求的重要原因之一是职业教育的参与度仍相对较低。例如，2019年，马耳他高中阶段参加初级职业教育与培训的人数占该阶段学习者总人数的比例仅为27.7%，远低于欧盟平均水平48.4%。[1]

马耳他政府为此采取了各种举措以加大职业教育的参与度。其一，政府一直致力于大幅度降低早期离校率，也取得了较好效果。2014年，马耳他教育部出台了《马耳他预防早期离校战略规划》，该规划的实施使早期离校率大幅下降，降速超过欧盟其他国家。2020年早期离校率下降至12.6%。2020年，教育部终身学习、研究和就业能力司在对2014年制定的战略规划进行审议后，又制定了《早期离校政策——未来道路（2020—2030年）》，并于2021年正式发布。其二，政府在《我的旅程：多重实现路径》计划的改革措施中，将职业科目引入初中教育，允许初中学生至少选择一门职业或应用型科目。2019—2020学年，公立学校71.1%的学生都选择了一门职业或应用型科目，同比增长46%。[2]

---

[1] 资料来源于欧盟出版署官网。
[2] 资料来源于欧盟出版署官网。

二、职业人才教育与市场脱轨问题

虽然近年来马耳他政府大力推动职业教育发展，但由于长期以来与学术教育相比，职业教育受到的重视不足，导致其人才培养模式存在与市场脱轨的问题。马耳他的不少年轻人都认为，现在的职业教育体系并不能为他们创业做好准备。与此同时，由于科技发展日新月异，年轻人进入就业市场所需要的技能要求也在不断发生变化。例如，欧盟目前正在推动向绿色经济和可持续发展社会的转型，在此过程中，对人才产生了许多新的知识和技能要求，而这些新知识和新技能并没有包括在现有的课程设置中。

解决人才培养与就业市场脱轨的问题，最佳途径就是打通学校和业界的界限，基于业界发展的最新需求随时调整人才培养的模式和内容。在这方面，马耳他政府已有较明确的认识。2018 年，政府颁布了《基于工作的学习和学徒法》，加大了对"基于工作的学习"和学徒计划的支持。政府还在终身学习框架下推动职业教育发展，将职业教育范围扩大至成年人。在政府新制定的《终身学习国家战略（2020—2030 年）》中提出的相关措施就有：加强与行业联合，推动基于工作的学习项目；政府提供 EQF/MQF 3 级及以下的职业和应用型课程，增加成人教育相关课程的学习机会。

马耳他政府近年来一直致力于推动职业教育与培训发展，以培养本国经济、社会发展所急需的职业和应用型人才。政府对标《欧洲资格框架》，制定了《马耳他资格框架》，实现了职业教育与学术教育的资格互通，增强了职业教育的吸引力。同时，职业教育也被纳入国家终身学习战略，在职在岗教育与培训体系也得到了完善。但是，马耳他的职业教育参与度在欧盟国家中仍然处在落后的位置，能否赶超欧盟其他国家，一方面要看已实施政策的效果，另一方面也要看马耳他政府能否继续出台针对具体问题的新政策。

第八章 成人教育

第一节 成人教育的发展和现状

一、成人教育发展简史

成人教育在马耳他有着较为悠久的历史传统。早在 1850 年，有着"马耳他教育之父"之称的保罗·普利契诺就开始发起系统化的成人基本技能教育。他首先在马耳他岛的扎巴耳地区建立了一所成人夜校，当时有 8 名成年男性参加了学习。普利契诺担任英国政府任命的初级学校主任期间又在弗洛里亚纳和瓦莱塔地区各开设了一所成人夜校。两所夜校共计有 85 名成年男性就读，学习的内容既有专门性的技术课程，也有语言课程和数学等基本技能课程。此外，19 世纪下半叶，马耳他还建立了 6 所"礼拜日学校"，教授基本的阅读、写作和算术技能。不过，直到 20 世纪初，马耳他仍然没有形成大众化的公共教育体系，开展成人教育的主要目的是为了提升马耳他成年人的识字率和基本教育水平。

自 20 世纪以来，马耳他国内的成人教育主要着眼于满足马耳他人向海外移民和提升成人基本文化水平的需求，尤其是帮助计划移民到其他英联邦国家的马耳他人提高英语应用能力。教会在成人教育的发展中也发挥了推动作用。例如 1955 年建立的社会行动运动组织就以组织政治经济和社会领导力领域的成人教育课程、讲座、研讨会为己任。与此同时，一些非政府组织也在马耳他的成人教育发展中发挥了积极作用。

当然，马耳他成人教育发展的主要推动力还是来自马耳他政府。政府大力推动成人教育的目的主要是为了提升大众教育水平和满足劳动力市场的需求。20 世纪 80 年代以来，政府先后通过教育部延续学习和成人教育司及终身学习司下属的负责成人学习的部门提供成人教育课程。政府出资提供不同级别的成人教育课程，课程涵盖范围非常广泛，既有识字和基本教育课程，也有针对普通、中级和高级水平预科证书的课程，还有为有志于职业发展、学习计算机、学习技能，或希望通过学习艺术、音乐和戏剧发掘创造潜能的学习者提供的课程。

20 世纪 90 年代初，马耳他政府建立了一个重要的面向成人的职业教育机构——就业与培训公司。21 世纪初，专注于职业教育的马耳他人文科技学院重建后，对成人职业教育也愈加重视，并与马耳他大学的学术型教育形成较好的互补。

2014 年，为进一步提升马耳他成人教育质量，马耳他教育部终身学习司正式启动了成人教育国家文凭。该文凭的课程设置非常灵活，2017 年有 100 名毕业生。该司还于 2016 年开展了一项名为 OUT REACH 的试点项目，聚焦于加强基本技能和职场技能培训。为提高马耳他人参与成人教育的积极性，并奖励最佳实践者，该部门还设立了一系列成人教育领域的奖项。近年来，政府成人终身学习部门提供的课程数量不断增加，涵盖了基本技能培训、职业培训和教育培训。同时，成人教育中心的数量也在逐渐增加。

二、成人教育现状

（一）终身学习国家战略

2015年，马耳他政府发布了《马耳他终身学习国家战略（2020年）》。该战略聚焦于促进16岁及以上的马耳他人接受后义务教育、职业教育、高等教育和成人教育，旨在加快马耳他教育和培训改革，增加投资，提升教育和培训质量。战略为成人在后义务教育阶段接受教育提供了更多机会，提出了实现为马耳他群岛所有成人提供新型个性化学习支撑体系的5大战略。

（1）通过创造学习需求和激发学习愿望促进马耳他成人参与终身学习。这一潜在需求不一定只来自那些低技能和处于贫困和社会边缘的人群，也可来自希望进一步提高技能或寻求更换工作的已就业人群。

（2）通过优化创新性学习方法和环境等各种途径提高学习过程的灵活性、可及性和相关度，将学习者置于学习过程的中心地位。

（3）提升有助于职业发展、提高就业灵活性和培养积极公民精神的技能。

（4）建立支持认可学习成果的体系。

（5）探索终身学习领域的结构性、机制性、财政、法律、政治和行政措施。[1]

在《马耳他终身学习国家战略（2020年）》指导下，以下活动得以开展。

（1）对基本技能课程和成人教育国家文凭开展评估。

（2）在试点项目成功实施后，在全国范围内实施"学校作为社区学习中心"计划。

（3）在全国媒体上对成人学习者的故事开展宣传，鼓励人们参与成人

---

[1] 资料来源于马耳他教育部官网。

教育。

（4）对研究、终身学习和就业能力司提供的大部分课程开展认证，与12家政府机构和非政府组织及35个地方委员会开展合作，影响面涉及8 000名成人。

（5）修订和发布质量保障政策，保障终身学习课程质量。[1]

（6）新建一个终身学习课程网站和应用系统，提升平台的友好度与可及性，保证提供课程的公共机构获取更高质量的分析数据。

为保证对终身学习领域发展的统一领导，马耳他政府建立了"终身学习任务小组"，作为实施终身学习国家战略的负责机构。2018年，为确保各项政策和措施的连续性和互补性，避免重复建设，该任务小组的职能进一步拓展，涵盖了监督终身学习战略实施、提供"技能提升途径建议"和负责《欧盟成人学习议程》政策协调等。2018年，任务小组发布的报告包括针对技能、知识和能力低下的不同人群建议采取的11项举措，及解决"技能提升途径建议"中提到的主要问题和实现终身学习战略目标的方法。

2021年，马耳他教育部又制定了《终身学习国家战略（2020—2030年）》，该战略的主要目标是推动马耳他的成人终身教育工作。时任教育部部长贾斯汀·卡鲁安纳在该战略的前言中明确指出了成人教育的重要性："成人教育的重要性再怎么强调也不够……成人学习是一种对每个人来说都有回报的投资；学习必有收获。它对个人的发展、社会的包容、积极的公民身份和可持续发展都有关键意义……政府致力于鼓励来自各行各业、各种社会经济背景的成人继续学习，并帮助他们在工作和学习之间找到平衡。"[2] 该战略提出要动员成人教育机构、相关部委、公立和私立机构、非政府组织以及各利益相关方一起参与推动终身学习国家战略的实施，同时强调要协调资金流向成人教育领域，以支持战略中提出的各项举措。

---

[1] 资料来源于马耳他教育部官网。

[2] 资料来源于马耳他教育部官网。

（二）成人教育发展概况

在马耳他政府的大力推动下，尤其是自《马耳他终身学习国家战略（2020年）》实施以来，马耳他的成人教育得到了较快发展。参加终身学习的人口比例从2013年的7.7%增加到2019年的11.9%。成年男性和成年女性参与成人教育的比例均逐年增加，其中男性参与率从2013年的7.4%增加到2019年的10.7%，而女性则从2013年的8.0%增加到2019年的13.4%，均高于男性。[1]

2017—2018学年，25—64岁成人中低学历人群占比从48.9%下降到46.7%，他们的就业率也随之从58.6%上升到60.9%。参加正规教育的人数从2011年的4.4%上升到2016年的7.2%。2016年，25—64岁的人群中有19.3%（45 664人）积极了解教育和培训信息。2016年，每名学习者平均花费245个小时接受正规教育。2016年，有33.8%的目标人群参与了非正规教育。[2]

2016年参加非正式教育的人数占比为42%，共计99 178人，其中35—54岁年龄段参加非正式教育的人数最多，共计48 338人，占比48.7%。2015年，16.1%的马耳他企业提供了初级职业培训，61%的企业提供了继续职业培训。35.8%的雇员至少参加了一门继续职业培训课程。继续职业培训课程总计花费了150万个带薪小时，占总带薪小时的0.8%，其中56.6%的时间用于内部继续职业培训课程。企业平均花费636欧元用于继续职业培训课程，人均缺勤成本为522欧元，人均总成本为1 158欧元。但与此同时，仍有38.4%的企业没有给雇员提供任何形式的培训。66%的小企业没有为雇员提供培训。大多数未提供任何培训的企业声称原因是雇员在就业前已经掌握足够技能或拥有足够资历。[3]

---

[1] 资料来源于马耳他教育部官网。
[2] 资料来源于马耳他教育部官网。
[3] 资料来源于马耳他教育部官网。

（三）成人教育机构

马耳他的成人教育主要由马耳他教育部负责管理。马耳他教育部管辖范围内提供终身学习和教育的机构有以下三个。

（1）终身学习处：提供由马耳他延续和高等教育署认证的 MQF 4 级及以下课程。

（2）马耳他人文科技学院：提供 MQF 7 级及以下的中学后教育、延续教育和高等教育。

（3）马耳他大学：提供 MQF 8 级及以下的中学后教育和高等教育。

教育部研究、终身学习和就业能力司下属的终身学习处除提供大量成人学习课程外，还负责监督终身学习国家战略的实施。终身学习处也是《欧盟成人学习议程》的国别协调机构。终身学习处是最主要的成人课程提供机构。在它提供的约 400 门不同级别的课程中，不少都是根据《马耳他资格框架》设计的。课程时间一般为 10 月到次年 5 月，有早间和晚间时段可选，通常只一次性收取少量费用。终身学习处每年都会发布课程简章，包括课程名称、时间安排、申请流程、学分数量、评价方式、相关要求，以及期待的学习成果等信息。课程的级别、类型和难度各不相同，通常每门课每周面授时间为 3 小时。终身学习处会通过各种媒体宣传和推广这些课程，吸引更多成人参与学习。每年有超过 8 000 名 16 岁以上的申请者学习这些课程。课程学习地点设在马耳他群岛的 7 个终身学习中心、34 个地方委员会和 15 个社区中心。2020 年，由于新冠肺炎疫情影响，课程全部转为线上，共计有 8 600 名学生参加了 86 名教师提供的 197 门课程的学习。

终身学习处提供的基础课程主要面向没有获得任何正式资格和缺乏基本识字能力的群体，包含马耳他语、英语、识数识字和计算机技能等课程。学习者在学完这些课程后通过考试则可以获得 MQF 1 级证书，并可以进入下一级别继续学习。在获得证书的同时，学习者还可以获得一份他们在课上所学到的技能和能力清单，以及适合他们的职业推荐等。即使他们没有参加结课考试，也可以获得学习证明。居住在马耳他的外国成年人也可以参加课程学习，例如，他们可选择"外国人学马耳他语"和"英语作为外语"等课程。这些课程在终身学习中心和许多地方委员会都有开设，通过学习这些课程可以达到MQF 1级水平。

美西达终身学习中心是马耳他最大的成人终身学习中心，提供大量旨在帮助成人提升技能、增加知识和增强就业能力的课程。中心主要面向早期离校的群体，他们没有机会进入高等教育机构学习或在就业市场上处于非常不利的地位。其他有兴趣的成年人也可以参加任何课程的学习。中心提供的课程范围非常广泛，包括英语、德语、法语、马耳他语、西班牙语、计算机入门、文化鉴赏、领导力技能、艺术鉴赏、健康与安全、哲学入门等。参加计算机课程的学生较多，学习内容涵盖 Web Starter 和欧洲计算机使用执照（ECDL）课程等，一年有四次机会参加学业水平评估测试。

马耳他人文科技学院每学年提供超过300门非全日制课程，其中既有不获取任何资格的纯兴趣班，也有硕士课程（MQF 7级），课程持续时间从几小时到5年不等。学院下属的六个二级学院可提供 MQF 2—7 级的不同专业课程。学院在其发布的课程简介中会说明每门课基于欧洲学分转换系统（ECTS）所对应的学分。参加学习者可以持续进修，直至获得文凭或证书。

马耳他大学提供从基础阶段到博士阶段的课程，其中不少课程都能以非全日制的方式学习，以帮助有兴趣的成人在工作后继续学习。2014年，马耳他大学发起了"文理学科计划"，由文理学科中心负责实施。学习者可以从多个文理学科中选择感兴趣的独立单元进行学习，按照自己的进度逐步获得特定学科的证书、文凭、高级文凭或本科学位。课程一般都安排在晚间6—8点进行。学习者需要支付一定的费用。

马耳他大学的语言学校可以帮助学生达到期望的英语熟练程度，课程涵盖普通英语、专门英语、英语精读，以及托福和雅思课程。语言学校还提供商务英语、航空英语、法律英语和医疗英语等专业性课程。马耳他大学控股有限公司也提供一些与职业发展相关的短期教育和培训课程，其中既有如专业化管理和商务拓展、计算机系统、质量管理等专业性较强的课程，也有如健康与安全、艺术等比较简单的通识课程。

除教育部及其管理机构外，一些马耳他政府部门或其下属机构也提供成人教育课程。旅游部下属的马耳他旅游学院主要提供满足旅游行业特定需求的 MQF 6 级及以下的职业教育和培训课程。这些课程包含该学院全日制项目的所有课程，旨在帮助人们在工作的同时通过进修获得正式文凭。

马耳他总理办公室设立了为各级各类公共服务人员提供培训的公共服务学院。该学院是根据马耳他《教育法》，由马耳他政府联合马耳他大学和马耳他人文科技学院共同设立的。这种合作不仅充分满足了公务人员对高等教育阶段培训的需求，而且也推动了对学习者的资格认证。该学院提供的培训内容包括口语和写作技巧、沟通和人际交流技巧、创新和创造力、变革战略管理、治理学等课程。学院每年会发布课程简介。所有课程全部免费，全年开设，是公务人员职业发展培训的一部分。

马耳他政府设立的就业促进机构——马耳他公共就业服务机构（前身是 1990 年建立的马耳他就业与培训公司）也会提供一些课程，帮助工作人群提升技能。马耳他公共就业服务机构提供的课程主要是为了满足人们进入劳动力市场的需求。它坚持将培训内容与劳动力市场需求和客户需求相结合，而且也努力通过与国内外机构合作提升其服务质量和资格认证水平。对找工作的人群来说，获得资格认证后可以更加便捷地进入职场。马耳他公共就业服务机构与欧洲社会基金共同投资开展了多个旨在提高就业能力的培训项目，为求职者和待业者提供培训、技能评估和实习机会，帮助在职雇员扩展知识和提升技能。它所提供的课程既有基本技能培训，也有高级培训项目，内容涵盖专门技术培训、工商管理课程、面试技巧等，还有为特定客户定制的专门课程。马耳他公共就业服务机构还与一些公共机构、非政府组织以及宗教机构合作，为各种弱势群体提供培训，提高他们的就业能力。这些课程是免费的，一般都是在工作日的白天授课。

马耳他政府还与社区、非政府组织和私立机构合作开展成人教育，旨在进一步在社区层面推广成人教育。所有这些课程全部免费。马耳他教育部成人教育处与多个非政府组织签订协议，联手提供一些重要领域的课程，如基础马耳他语、英语、计算机入门、ECDL 课程等。与政府合作的社区或非政府组织有圣玛丽社区、圣安娜社区、无障碍信息技术基金会、马耳他全国妇女委员会、保护避难者福祉机构等。

此外，马耳他还有一些私立机构也提供成人培训课程，从市场营销到创意艺术，范围广泛。例如，始建于 1964 年的马耳他管理学院就是一家专门为管理专业人员提供培训的机构，提供各种类型和各种级别的课程，其中一些管理、工商管理和财务课程是与外国大学如英国的赫瑞-瓦特大学爱丁堡商学院合作开设的。

具体负责管理成人教育的政府机构是教育部研究、终身学习和就业能力司。而负责监管成人教育课程和质量保障的机构是马耳他延续和高等教育署，它负责对没有自我认证资格的机构，包括政府公立机构和私立机构提供的课程开展认证。同时，它还负责对非正规和非正式教育进行认证和质量监管。

第二节 成人教育的特点

一、政府的有力支持和推动

马耳他政府认识到，发展成人教育是普遍提升国民素质、满足经济社会发展需要的必由之路，因此近年来一直在大力推动成人教育的发展。

这一点首先体现在政府制定的一系列相关政策和战略上。过去 10 年，马耳他政府先后制定了《马耳他终身学习国家战略（2020 年）》《终身学习国家战略（2020—2030 年）》等框架性文件，明确强调成人教育在终身学习国家战略中的关键地位，并提出为促进成人教育发展需要采取的具体举措。而且，在 2014 年发布的《马耳他教育战略框架（2014—2024 年）》中，提高终身学习和成人教育的参与度被明确列为马耳他教育发展的四大战略目标之一。

其次，马耳他政府还通过教育部下属的终身学习处提供全国大部分成人学习课程。据统计，2019—2020 学年，共计有 8 000 多名成人参与学习教育部提供的课程。2020 年 7 月 15 日，马耳他教育部部长欧文·邦尼契正式发布了 2020—2021 学年的终身学习简章，宣布提供 77 个专业的 450 门成人学习课程。在简章发布仪式上，邦尼契指出："（马耳他）政府致力于加强成人教育，帮助成人提升技能、实现个人目标，增强他们的就业能力。在今天这样一个日新月异的世界上，教育不能止于义务阶段，通过接受继续教育提升自己非常重要。学习不仅能促进社会包容、昂扬公民精神、推动个人发展，而且能增强可持续性、竞争力和就业能力"。[1]

最后，为鼓励和支持更多成人参与终身教育，获得资格证书，增强就业能力，马耳他政府还设立了多个奖学金项目，如教育部战略与支持司所提供的一系列本科和硕士奖学金项目。这些奖学金项目旨在增加获得高等教育学历，尤其是硕士学历的人数，以期发挥马耳他在创新研究、创造力和智力发展等方面的长期潜力。这些奖学金（计划）包括马耳他艺术奖学金、马耳他体育奖学金、ENDEAVOUR 奖学金（A 计划和 B 计划）等。

---

[1] 资料来源于马耳他政府官网。

二、利益相关方积极参与

马耳他在推动成人教育体系发展时注重动员各利益相关方积极参与。例如在《终身学习国家战略（2020—2030年）》中就至少列出了45个利益相关方，其中既有多个政府部门及其隶属机构，也有行业协会、基金会、院校、教会机构、商会、私营企业等，既有马耳他国内机构，也有欧盟机构。马耳他政府鼓励各利益相关方参与制定实施终身学习国家战略，并常常与它们联手组织和推广成人教育项目与课程，以期满足成人对接受继续教育的多样化需求。例如，人力资源基金会就是由政府和私营部门联合建立的一家非营利、非政府组织。它与英国莱斯特大学劳动力市场研究中心签署协议，成为该中心在马耳他的代表机构。基金会代表该中心提供包括证书、文凭、本科、硕士和博士在内的各级别课程，还和英国特许人事发展协会合作提供一系列的职业培训课程，参加这些课程的学习者也有机会获得资格证书。虽然基金会提供的是付费课程，但政府为了鼓励更多人接受成人教育，会向参与学习的成人提供学费补助。又如，马耳他政府和罗马天主教会合作，在戈佐岛建立了全国首个残障人士学习中心，帮助残障人士通过提升技能进入劳动力市场。通过在政府主导下的利益相关方的广泛参与，马耳他的成人教育得到蓬勃发展。

第三节 成人教育的挑战和对策

一、低学历人群占比较大问题

近年来，在马耳他政府的大力推动下，18—24岁的马耳他人早期离校率有了较大幅度的下降，从 2010 年的 21.4% 下降到 2020 年的 12.6%，但仍高于欧盟的平均水平 9.9%，要达到欧盟设定的低于 9% 的 2030 年目标也仍有一定的挑战。与此同时，马耳他 15 岁人群在阅读、数学和科学方面的表现也明显低于欧盟平均水平。2020 年，在阅读、数学和科学方面低成就的 15 岁人群占比分别为 35.9%、30.2% 和 33.5%，而欧盟的平均水平分别为 22.5%、22.9% 和 22.3%，差距非常明显。而且与 2010 年相比，这些比例并无明显下降，甚至在科学方面不降反增。[1] 因此，对马耳他来说，要实现欧盟设定的 2030 年在以上三个领域均低于 15% 的目标可谓任重而道远。

作为解决早期离校者和低成就学习者继续学习和求职需求的主要渠道，马耳他的成人教育体系也面临较大的挑战。据统计，2019—2020 学年，有 8 222 名学习者参与了终身学习处提供的课程，其中 1 385 人参加的都是基本技能培训课程，57% 的人参加的是马耳他语作为外语的课程，只有不到 2% 的人学习的是数学课程。[2]

此外，据欧盟委员会统计，2019 年，马耳他总计有 125 800 名低学历的成年人，占马耳他总人口四分之一左右，这一人数大大超过了可以容纳他们的工作岗位数量，因此非常有必要提升他们的技能，并对他们开展再培训。但是，该人群参加技能提升学习和再培训的比例自 2010 年以来却只上升了不到 1 个百分点。欧盟统计局数据表明，2012 年，马耳他 25—64 岁的人群参加教育和培训的比例只有 7%，而欧盟平均比例为 9%。而且，从 2013—2014 学年开始，成年男性和女性参加培训的比例总体均呈下降趋势。2016 年，25—34 岁的马耳他年轻人中有 40% 没有参加任何正规或非正规教育，也没有表现出对未来接受教育的兴趣。马耳他低学历成人的比例远高于欧盟平均水平，2016 年该比例高达 55%。据估计，马耳他人中有提高技能、学历、识字、算术和数字技术能力需求的成人约为 15.4 万—16.8 万人，占全部

---

[1] 资料来源于欧盟出版署官网。
[2] 资料来源于马耳他教育部官网。

成年人口的65.6%—71.5%。[1]因此，马耳他政府面临着如何充分利用终身教育和成人学习体系普遍提升国民素质、减少低学历人口数量的现实挑战。

马耳他政府为应对上述挑战，正在采取多项举措提升成人学习的总体质量。研究、终身学习和就业能力司正在制定一项《基本技能国家框架》，以期将更有力的指导体系从学生服务拓展到成人服务，从而提供更好的技能提升和再培训的机会。计划采取的措施包括建立一个专门的指导机构，加强对成人学习的支持。马耳他政府应对成人教育领域挑战的策略更为集中地体现在《终身学习国家战略（2020—2030年）》中，其中提出了终身学习体系未来10年发展的四大战略支柱，每个支柱又包含若干战略举措，详见表8.1。

表8.1 马耳他终身学习体系的战略支柱及战略举措 [2]

支柱一：增加处于失业、贫困等困境的低技能、低学历的成人受教育的机会	战略举措1：通过提供多样化的成人学习课程解决技能鸿沟问题 战略举措2：通过引入技能评估措施解决技能赤字问题 战略举措3：由终身学习处开展跟踪研究 战略举措4：支持成人获得学习资助 战略举措5：提高终身学习课程对残障人士的可及性 战略举措6：缩小马耳他人和外国移民之间的教育差距 战略举措7：将成人教育作为早期离校问题的弥补手段 战略举措8：为教授基本技能的教师提供持续的专业发展机会
支柱二：学习方法和机会多元化	战略举措1：推动社区学习 战略举措2：与行业合作，与职业相联系 战略举措3：加强数字教育和终身学习 战略举措4：对学习经历的承认和认证 战略举措5：提供应用型和职业型课程

---

[1] 资料来源于马耳他教育部官网。
[2] 资料来源于马耳他教育部官网。

续表

支柱三：保障成人教育质量	战略举措 1：提升终身学习处的机构运行质量 战略举措 2：提升终身学习处的项目质量 战略举措 3：促进成人教育领域的教师和其他工作人员的专业化发展 战略举措 4：监督终身学习国家战略的实施
支柱四：通过提供指导体系支持成人做出明智决定	战略举措 1：增强终身学习处为学习者提供精神关怀的能力 战略举措 2：设立独立的指导机构

马耳他政府制定新的终身学习国家战略的主要目的就是为了促进成人接受继续教育。为了让更多的成人能够获得技能提升和再培训的机会，马耳他政府计划在 2022 年新建一所线上学院，为学习者提供全面的在线课程及线上辅导和线上帮助等服务。此外，马耳他还是实施"伊拉斯谟"计划中"办理手续–起飞"项目（Check-in-Take-off）的国家之一，该项目的主要目标是对个人技能的提升、承认和认可。该项目将提供一套技能评估工具，学习者可以独立地对自己的识字、识数和数字技能进行初步评估。基于评估结果，学习者可以了解自己已掌握的技能、继续进修的机会和途径。为提升成人教育的质量，马耳他大学于 2020 年 2 月设立了成人教育培训和发展本科学位。该学位的设立是为了实施终身学习国家战略，推进从事成人教育和培训的教师队伍的专业化发展。

二、新冠肺炎疫情的负面影响

如前所述，由于新冠肺炎疫情的影响，2020 年 3 月，在研究、终身学习和就业能力司的努力下，所有的成人学习课程都转为线上课程，但线上课程受欢迎的程度不及线下课程，成人学习的参与率出现了自 2010

年以来的首次下降。2020 年，低学历的成人占比仍高达 44.8%，而低学历成人参加学习的比例却从 2019 年的 4.3% 下降到 3.5%，他们的就业率也从 2019 年的 65.4% 下降到 64.9%。[1] 导致成人学习比例下降的原因一是在疫情发生初期，反应时间有限，数字基础设施不够完备，二是马耳他 25—64 岁年龄段的成人具备数字技术技能者比例不高。2020 年这一比例仅为 19%，远低于欧盟 27% 的平均水平。为此，马耳他政府及时推出了信息技术帮助台，增加了网课协调员的人数，并在美西达终身学习中心设立了现场网课中心，这些举措都缓解了疫情初期的压力，从长远来看也有助于克服线下模式转向网课模式的阻力。

成人教育是马耳他终身学习国家战略的重要组成部分。近年来，在马耳他政府的大力推动下，该国的成人教育得到了较快发展。马耳他政府在制定终身教育国家战略时始终对标欧盟，努力实现欧盟设定的目标。但是，马耳他的成人教育体系也仍然面临着提升参与率和增强成人学习者就业能力的挑战。《终身学习国家战略（2020—2030 年）》的实施将有助于进一步提升马耳他成人教育的质量和效果。

---

[1] 资料来源于欧盟出版署官网。

第九章 教师教育

第一节 教师教育的发展和现状

一、教师教育发展简史

马耳他最早的教师教育可以追溯到19世纪中叶。1850年，保罗·普利契诺被英殖民政府任命为初级学校主任，他上任后致力于提升马耳他教师的教学水平。1850年10—12月，他下令暂时关闭马耳他所有乡村学校，并要求全部教师集中到马耳他大学参加培训。普利契诺服膺于瑞士教育家和教育改革家裴斯泰洛齐的教学方法，希望借鉴先进的教学方法改善马耳他基础教育的质量。除了在马耳他大学为教师提供与教学理论相关的课程以外，普利契诺还创建了"样板学校"，教师们可以在"样板学校"中实习和实践他们的教学技能，并得到相应指导。随着接受教师教育人数的增加，普利契诺又仿照其他欧洲国家建立了两所师范学校，在培训过程中表现出色的教师后被送往英国的天主教教师培训学院进修。

不过，直到20世纪初，马耳他的教师教育发展仍处于初级阶段。1919年，马耳他教师工会成立。成立工会的目的是为了改善马耳他教师受教育的水平和工作条件，维护教师的集体利益，促进教师教育与培训，推动教师队伍的专业化发展。从20世纪20年代开始，工会就一直在推动建立一所正规的教师教育学院。同时它还提议要在马耳他大学设立"教育学讲席教授"。从刚成立时的约600名会员，到今天超过10 000名来自各级各类学校的会员，马耳他教师工会至今仍在马耳他教育界发挥着重要作用。

二战结束后，马耳他建立了由教会组织管理的两所完善的教师培训学院。随着这两所教师培训学院的建立，马耳他全面的教师培训才真正开始。1947年，两所学院正式开始授课。为确保师范生们能有足够时间接受培训，学院实行住宿制和全日制教学。1971年工党政府上台后，从教会手中接管了教师教育的工作，学院取消了住宿制，实现了男女混校。后来，两所学院合二为一，并最终于20世纪80年代初并入马耳他大学教育学院。

目前马耳他提供教师教育的主要机构有马耳他大学、马耳他人文科技学院、马耳他旅游学院和教育学院。

二、教师教育现状

（一）学前及中小学教师教育

马耳他《教育法》规定，无论是公立、教会还是私立学校的教师都必须参加职前教育培训。中小学教师可从马耳他大学教育学院或教育学院提供的一系列科目中选择1—2个学习。在普通学校或特殊学校中教授有特殊教育需求学生的教师需要接受专门培训。此外，还有一类专门协助和支持有特殊教育需求学生的"提供学习支持的教育工作者"，他们也要接受相关领域的培训。对中小学教师进行职前教育的目的是为了让教师获得足够的理论知识和教学技巧，以便成功地开展教学。

职前教师教育的课程设置是由马耳他大学、马耳他人文科技学院和教育学院自主确定的。所有科目的教师教育课程都有明确的教学计划，其中既包括每学年所有学习单元的名称、主题和学分要求，也包括课程总体描述、评估方式以及每个学习单元的学习成就描述。

马耳他大学教育学院提供教育本科和硕士学位。已获得 MQF 4 级文凭者可攻读本科学位，已获得本科学位者可攻读教育硕士学位。所有中小学教师都必须至少获得教育硕士学位。他们可以选择早期教育或中小学教育专业方向。

马耳他大学教学与学习硕士（以下简称教学硕士）是马耳他大学教育硕士的主要专业。教学硕士是两年全日制课程。学生可以选择早期教育或中小学教育作为研究方向。教学硕士是从事教师行业的入门要求。学生需要在两年的学习时间里获得 120 个学分才能达到毕业要求，其中教育研究相关课程 40 学分，论文 30 学分，专业教学法 30 学分，实习 20 学分。实习包括在学校进行的实地观察和教学，学生每年至少有 24 天在指导下开展教学实习活动。马耳他大学教育学院会指定专门团队指导、考察和评估学生在教学实习中的表现。

教学硕士课程设置详见表 9.1，主要包括以下几方面内容。

（1）教育背景知识：关注学习者和学习过程；学习者背景、条件和学习共同体；课程和教学法。

（2）教育中的主题：关注研究者和利益相关者认为当前最紧迫的教育话题，吸收来自教育背景知识和科目教学方法的跨学科理念。

（3）科目教学方法：关注教学法知识，提高教学方式、方法的问题意识。

（4）创造积极学习环境：关注教与学的情感维度，课堂上数字技术的使用，以及教会学生如何形成积极的生理和心理状态。

（5）研究方法。

（6）实习。

表 9.1 马耳他大学教学硕士课程设置

第一年		第二年	
学习单元	学期 / 学年	学习单元	学期 / 学年
教学法知识 / 科目教学法（20 学分）	第一学期（10 学分）第二学期（10 学分）	教学法知识 / 科目教学法（20 学分）	第一学期（15 学分）第二学期（5 学分）
教育中的主题（5 学分）	全年	教育中的主题（5 学分）	全年
教育背景知识（10 学分）	第一学期（5 学分）第二学期（5 学分）	教育背景知识（5 学分）	第一学期（5 学分）
研究部分 A——准备论文（10 学分）	全年	—	—
创造积极的学习环境（5 学分）	全年	—	—
实习（10 学分）	全年	实习（10 学分）	全年
—	—	研究部分 B——论文（20 学分）	全年

马耳他人文科技学院的教师教育课程主要面对学前教育工作者。该学院提供两种文凭，一种是儿童保育、学习和发展高级文凭（MQF 4 级），另一种是早期教育高级文凭（MQF 5 级）。完成 MQF 5 级课程的学生可以继续到马耳他大学教育学院再读一年早期儿童教育和保育课程，并获得本科学位。

儿童保育、学习和发展高级文凭课程旨在让学生获得在儿童保育领域工作的专业能力。该文凭课程可分为 1 年制和 2 年制，课程方案详见表 9.2 和表 9.3。完成 1 年制学习后可获 60 学分和马耳他人文科技学院颁发的儿童保育、学习和发展证书。完成 2 年制学习后可获 120 学分及儿童保育、学习和发展高级文凭。该文凭课程内容包括：儿童的学习活动和游戏，儿童的饮食和营养，促进儿童发展，儿童行为的心理学观点，支持儿童的识字和算术技能，保护儿童等。经过学习，学生将获得从事早期教育所需要的技能和知识。该课程的入学标准是：学生需要有 SEC、O-Level 考试或中学毕业考试四门及格证书（其中必须包括英语、马耳他语和数学及格证书），或者拥有马耳他人文科技学院体育、健康和社会保障、表演艺术或艺术和设计专业的文凭或同等学力。

表 9.2 马耳他人文科技学院儿童保育、学习和发展 1 年制证书课程方案[1]

课程代码	课程名称	学分（ECTS）	学期
CSCHC-406-2001	促进儿童保育、学习和发展的积极关系	6	2
CSCHC-403-2002	营造儿童保育、学习和发展的积极与安全的环境	3	2
CSCHC-403-2003	促进儿童发展	3	2
CSCHC-406-2004	支持儿童发展识字前的语言和算术技能（0—3 岁）	6	2
CSCHC-406-2005	保障和促进儿童权利	6	2
CSCHC-406-2006	儿童学习和游戏活动	6	2
CSCHC-406-2007	满足儿童对环境、学习和发展的其他要求	6	2
CSCHC-406-2008	儿童发展活动的规划与反思（一）	9	2
CSCHC-406-2009	注册儿童保育服务的发展与管理	3	2

[1] 表 9.2 至表 9.4 资料来源于马耳他人文科技学院官网。

续表

课程代码	课程名称	学分（ECTS）	学期
CDKSI-406-1901	社区服务、应用科学和创意艺术（马耳他语）	6	2
CDKSK-406-2001	英语	6	2

表9.3 马耳他人文科技学院儿童保育、学习和发展2年制高级文凭课程方案

课程代码	课程名称	学分（ECTS）	学年	学期
CSCHC-406-2001	促进儿童保育、学习和发展的积极关系	6	第一学年	2
CSCHC-403-2002	营造儿童保育、学习和发展的积极与安全的环境	3	第一学年	2
CSCHC-403-2003	促进儿童发展	3	第一学年	2
CSCHC-406-2004	支持儿童发展识字前的语言和算术技能（0—3岁）	6	第一学年	2
CSCHC-406-2005	保障和促进儿童权利	6	第一学年	2
CSCHC-406-2006	儿童学习和游戏活动	6	第一学年	2
CSCHC-406-2007	满足儿童对环境、学习和发展的其他要求	6	第一学年	2
CSCHC-406-2008	儿童发展活动的规划与反思（一）	9	第一学年	2
CSCHC-406-2009	注册儿童保育服务的发展与管理	3	第一学年	2
CDKSI-406-1901	社区服务、应用科学和创意艺术（马耳他语）	6	第一学年	2
CDKSK-406-2001	英语	6	第一学年	2

续表

课程代码	课程名称	学分（ECTS）	学年	学期
CSCHC-406-2010	儿童食谱、营养与烹饪活动	6	第二学年	2
CSCHC-403-2011	儿童体育活动	3	第二学年	2
CSCHC-406-2012	心理学视角下的儿童行为	6	第二学年	2
CSCHC-403-2013	早期教育的环境科学	3	第二学年	2
CSCHC-406-2014	早期教育实践中的设计与技术	6	第二学年	2
CSCHC-406-2015	当代早期教育议题	6	第二学年	2
CSCHC-406-2016	支持儿童发展语言与算术技能（3—5岁）	6	第二学年	2
CSCHC-409-2000	儿童发展活动的规划与反思（二）	9	第二学年	2
CSCHC-406-2017	生成性课程导论	6	第二学年	2
CSCHC-403-2018	儿童早期创意艺术	3	第二学年	2
CDKSK-404-1915	就业能力与创业能力	4	第二学年	2
CDKSK-402-2104	社区社会责任	2	第二学年	2

早期教育高级文凭为2年全日制课程。该课程的方案详见表9.4，课程的内容包括儿童保育理论、儿童早期物理教育、持续专业发展、当代儿童健康、课堂设计等。该课程的入学标准为：学生持有两门高级证书和两门中级证书（其中至少包括数学、英语或马耳他语中的两门）。如果该科目没有设置中高级证书，学生还需在该科目上获得SEC或O-Level的及格证书，或者拥有马耳他人文科技学院儿童保育、学习和发展高级文凭或同等学力。

表9.4 马耳他人文科技学院早期教育高级文凭课程方案

课程代码	课程名称	学分（ECTS）	学年	学期
CSSGY-503-1601	童年社会学	3	第一学年	2
CSEYS-503-1601	儿童早期教学法中的哲学问题	3	第一学年	1
CSCHC-403-2003	幼儿发展	6	第一学年	2
CSCHC-406-2004	儿童早期环境中的沟通价值观与领导力	3	第一学年	1
CSCUR-506-1601	生成性课程（一）	6	第一学年	1
CSEYS-503-1604	想象力实践培育	3	第一学年	1
CSRSH-503-1605	幼儿多模态感知	3	第一学年	1
CSEYS-506-1606	设计利于学习的空间（一）（工作实习）	6	第一学年	1
CSRSH-503-2002	早期教育中的研究方法	3	第一学年	2
CSMTH-506-1603	儿童早期数学	6	第一学年	2
CSEYS-503-1607	儿童早期物理教育	3	第一学年	2
CSEYS-503-1608	记录幼儿叙事	3	第一学年	2
CSPRF-503-1602	持续专业发展	3	第一学年	1
CSETS-503-1612	儿童早期课程中的游戏设计	3	第一学年	2
CSEYS-506-2001	设计利于学习的空间（二）（工作实习）	6	第一学年	2
CSPRJ-503-2013	早期教育中的研究项目	3	第二学年	2
CSEYS-506-1610	儿童早期教育中的创意艺术	6	第二学年	2
CSLNG-506-1603	幼儿英语（核心技能）	6	第二学年	1
CSLNG-503-1604	幼儿马耳他语（核心技能）	6	第二学年	2

续表

课程代码	课程名称	学分（ECTS）	学年	学期
CSEYS-503-1611	儿童保育管理	3	第二学年	1
CSEYS-506-2002	设计利于学习的空间（三）（工作实习）	6	第二学年	1
CSEYS-503-1614	发展家庭与社区内部的积极关系	3	第二学年	1
CSEYS-503-1615	儿童早期环境中的积极行为	3	第二学年	1
CSEYS-506-1616	当代儿童健康议题	6	第二学年	2
CSEYS-506-1617	促进语言发展	6	第二学年	2
CSEYS-506-1618	提高认知和理解世界	6	第二学年	1
CSEYS-506-2003	设计利于学习的空间（四）（工作实习）	6	第二学年	2

成立于2015年的教育学院是马耳他延续和高等教育署授权提供延续和高等教育的机构。它为教师提供职前教育和专业发展教育。学院致力于实现公平和社会公正目标，努力为所有教育工作者提供专业学习的机会。学院还致力于提供终身学习的机会，培养个人技能和能力，使学习者能够应对不断变化的社会带来的挑战。学院提供 MQF 4—7 级的多种课程，其课程项目灵活，教学模式多样，包括面授、线上教学或混合教学模式。从2018—2019学年开始，学院开始向那些希望进入教育行业或有提高学历需求的教师提供学士学位、硕士证书、硕士文凭和硕士学位。以下简要介绍教育学院提供的中小学教育学士学位课程和教育硕士学位课程。

教育学院的项目以非全日制课程为主。中小学教育学士学位课程包括核心课程、心理学、哲学、教育社会学、课堂管理、学习评价、包容性教育、教学实践、微教学、研究方法和论文写作等模块。获得学士学位需要在4年内完成180个学分，其中包括实习30个学分。学院将指定专家小组对参加实习的学生开展指导、观察和评估。在学习期间，学生也可以得到联合教学导师的指导与帮助。

该项目的入学标准为，学生应持有 MQF 3 级证书或公认的马耳他语、英语和数学同等资格证书，并至少拥有以下资格之一。

（1）获得 MATSEC 证书（MQF 4 级），在小学教授的一门科目中达到 C 级或更高水平，或同等资格。

（2）获得 MQF 4 级职业教育文凭，在幼儿教育和保育领域至少已获得 120 学分，或同等资格。

（3）三门科目达到高级水平（MQF 4 级），两门科目达到 C 级或以上（其中一门科目需为小学课程设置的科目之一），第三门科目为 D 级或更高。

如果申请人在申请之日年满 23 岁，可适当考虑已有工作经验、知识和资格。申请人需要参加面试，并在面试中展示以下材料，包括个人职业履历、就业记录的证明、各项证书、相关文件和参考材料，以及申请人在学习期间的作业或工作期间撰写的文件和报告等。

教育学院的教育硕士学位学习 3 年非全日制课程，包括基础教育、英语、伦理学、人文学科（含社会研究、历史、地理和欧洲研究）、数学、体育、宗教教育、科学（生物、化学和物理）、农业经济、工程技术、酒店管理、商业教育与零售、个人社会和职业发展、马耳他语、健康与社会保障、艺术、计算机与信息技术、戏剧和音乐等 20 个方向，囊括了小学、中学和职业教育各科目。课程设置方案详见表 9.5，每个方向的课程都包括一系列核心模块，以及与特定科目相关的教学法和评估模块。获得该学位要求达到 90 学分（ECTS），但中途有两次结业机会，第一次是拿到 30 学分时可以获得硕士证书，拿到 60 学分时，可以获得硕士文凭。在学习期间，学生也会得到联合教学导师的支持。

教育硕士的入学标准是：选择小学教育专业的学生必须在马耳他语、英语、数学方面达到 MQF 3 级，并获得学士学位（MQF 6 级），应至少已完成 180 学分，其中 60 学分须与小学课程中的科目之一或与儿童教育和保育相关领域有关；如果申请人拥有与小学课程中的科目无关的学士学位，并且已经被聘为代课教师，申请人需要参加面试，并提交证明其教学工作和成就的相关材料；选择中学教育方向的学生应在马耳他语、英语、数学方面达到 MQF 3 级，并获得学士学位（MQF 6 级），应至少已完成 180 学分，且在所选择的主要学习领域至少已完成 60 学分。

表 9.5 教育学院教育硕士课程设置方案 [1]

第一年		
必修课	课程名称	学分（ECTS）
MEDU100	学习策略评估：记录和讨论学习	3
MEDU101	终结性评估	2
MEDU102	教学实践（一）：对行动的反思	10
MPRI108	拥抱识字战略和教育政策中的语言	2
MPRI102	马耳他语教学法与评估：语言意识与四项技能教学	2
MPRI103	英语教学法与评估：语言意识与四项技能教学	2
MPRI104	小学科学课教学法与评估	2
MPRI101	小学数学课教学法与评估	2
MPRI110	拥抱小学识数策略	1
MPRI105	小学社会研究课教学法与评估	1
MPRI107	体育与终身健康生活方式	1
MPRI106	小学宗教课教学法与评估	1
MPRI111	哲学与伦理	2

[1] 资料来源于马耳他教育学院官网。

续表

第二年		
必修课	课程名称	学分（ECTS）
MEDU200	实践中的教育理论：心理学-解决社会、情绪与行为障碍	2
MEDU201	实践中的教育理论：社会学-个体经验对教育过程的影响	2
MEDU202	实践中的教育理论：哲学-探寻积极学习	2
MEDU203	研究方法（一）：量化研究策略	2
MEDU204	研究方法（二）：质性研究策略	3
MEDU205	教学实践（二）：对行动的反思	10
MEDU206	解决教育实践中的不平等与差异现象	3
MEDU207	让家庭与社区融入校园	3
MEDU208	培养主动意识与企业家意识	3
MEDU209	情商：实践经验	3
MEDU210	包容性实践：多元文化课堂	3
MEDU211	包容性实践：应对课堂多样性	3
MEDU212	对学习的反思：提高学习能力	3
MEDU213	在线教学、学习与评估	3
第三年		
必修课	课程名称	学分（ECTS）
MEDU300	论文	30

获得学位后，教师将根据他们的专业领域和水平开展教学。获得马耳他大学教育学院中小学教育学位的教师通常会教授5—6岁、7—11岁和12—16岁的儿童。教育学院的硕士文凭分为小学教育和中学教育。持有中

学教育硕士证书或文凭的教师通常在中学教授他们所学专业的相关科目。但是，一些中学教师可能会在中学没有职位时选择先去小学任教。他们通常选择在教育学院同时获得小学教育硕士证书，以便获得在小学正式任教的资格。

此外，根据规定，在2008年7月29日前获得硕士或博士学位者，只要符合相关要求，也可以担任教师。而获得国外大学学位者，只要该大学得到马耳他延续和高等教育署和教师职业委员会的认可，也可以申请教职。

值得一提的是，马耳他中小学教师教育体系中有一类被称为"提供学习支持的教育工作者"的特殊群体。他们主要负责在课堂上为有特殊需要的学生提供支持，服务对象从学龄前儿童到高中学生。根据马耳他政府和马耳他教师工会于2017年12月签署的协议，"提供学习支持的教育工作者"分为三类：第一类完成了教育部学生服务司提供的20周非全日制课程的学习，并获得学习支持教育证书；第二类完成了马耳他大学提供的2年非全日制的"促进包容性教育"文凭课程；第三类则拥有包容性教育领域MQF 6级及以上的资格。

要想从事教师职业，候选人在具备相应学历资格后，还必须获得教师职业委员会颁发的教师资格证。满足以下要求的候选人可获得教师资格证。

（1）教育学士学位或同等学力。

（2）学士学位加上教育硕士证书或同等学力。

（3）博士学位，或学士学位和硕士学位，加上教师培训证书。

（4）教师职业委员会认为可接受的任何其他专业资格。

新获得资格的教师在获得教师资格证前，还必须在试用期内成功完成为期2年的入职培训。教师入职以后仍需继续进修，实现持续专业发展。公立学校的所有教师都需积极致力于自身的持续专业发展。他们通常有以下三种发展路径，即学校/学院的专业学习机会、基于外部设计方案的专业学习机会，以及基于自我发展的专业学习机会。入职以后的教师教育更加灵活，与教师的职业规划更为相关，教师个人也拥有更大的选择自由。

（二）高等教育机构教师教育

马耳他大学在编的教学科研人员有讲师、高级讲师、副教授和教授等四个职级。申请讲师及以上序列的候选人必须拥有博士学历。助理讲师的第一个聘期为4年，在此期间，他们必须攻读博士学位。如果读博期间表现良好，聘期将延长4年。如果他们能够进而完成博士课程，并获得博士学位，聘期将自动延长，并有机会晋升为讲师。如果在8年之内不能获得必需的资格，他们将会被解雇。助理讲师一旦晋升为讲师，就必须在晋升为高级讲师之前参加由大学组织的关于教学法、教育技术和授课方法的培训课程。

此外，马耳他大学所有在编教师均有机会参加大学组织的有关最新教育和远程学习技术以及课件开发的短期课程。每位在编教师每年都可获得两种基金资助，即学术著作资源基金和学术研究基金。设立这两种基金旨在支持教师的持续学术发展。学术著作资源基金主要用于购书、缴纳学会会费、参加国内外学术会议以及使用信息技术等。学术研究基金主要用于支持学术研究和学术交流。马耳他大学的教学科研人员在为提高学历而参加课程学习时可以申请大学提供的专项奖学金。他们每连续工作6年还可享受1年的带薪学术休假。

马耳他人文科技学院在招聘教师时既考虑候选人的资历，也会考虑其行业经验。教职的最低级别为助理讲师，要求至少拥有相关领域的本科学位或相应的职业资格（MQF 5级），以及至少3年全职行业经验。直接评聘讲师的要求是获得相关领域的本科学位，并具有专业教师培训证书，以及至少 6 年全职行业经验，或拥有相关领域硕士学位加上 6 年全职行业经验。直接评聘为高级讲师 I 级的条件是拥有相关领域硕士学位，并具有专业教师培训证书，以及 10 年全职行业经验，或拥有相关领域学士学位或硕士学位加上专业教师培训证书和 7 年全职行业经验，或拥有相关领域学士学位和博士学位加上专业教师培训证书。直接评聘为高级讲师 II 级的条件是拥有相关领域学士学位和博士学位加上专业教师培训证书和至少 6 年全职行业经验，或拥有相关领域硕士学位和博士学位，并具有专业教师培训证书，以及至少 9 年全职行业经验，或拥有相关领域学士学位和硕士学位加上专业教师培训证书和 7 年全职行业经验，或拥有相关领域学士学位、硕士学位和博士学位加上专业教师培训证书和至少 1 年全职行业经验。

马耳他人文科技学院为本院教师提供职前教育和持续发展培训。在学院层面，学院为本院教学科研人员提供自己的教师培训学位课程，如"应用研究 4.0 中的职业教育硕士课程"（EQF/MQF 7 级，120 学分）。该硕士课程对本院人员第一年不收费。学院每年为新入职的教学科研人员组织入门讲座，向他们介绍学院的情况和理念。同时还为他们提供职前教师培训，提高他们在职业教育方法和评价方面的能力。在二级学院提出要求时，学院也会给教师提供入门性的教师培训项目。学院会定期组织教师持续专业发展课程，其内容涵盖评价、认可、学生动机、职业教师行为、吸引学生参加学习等。在国际层面，学院的合作伙伴办公室负责与其他教育机构及行业建立联系，合作改进课程设置，促进在课程、研究、创新和就业方面形成合力。而国际合作办公室则负责教学科研人员的国际交流，通过组织参加欧盟项目和"伊拉斯谟+"计划促进教师的学习和培训。

教育学院的讲师是由遴选委员会遴选的，他们需要达到以下标准。

（1）在所申请领域拥有 MQF 7 级及以上的硕士学位或公认的适当的资格。

（2）有至少两年教学经验的证明。

（3）有英语和马耳他语的能力证明。

教育学院重视教师的专业发展，会以内部研讨会、同行交流、参会并作报告等形式促进教学人员的专业发展。

（三）成人教育工作者教育

马耳他所有从事成人教育的教师都必须参加持续专业发展课程培训。职前培训于每年9月举办，在职培训全年都有。持续专业发展培训由教育部研究、终身学习和就业能力司组织，授课教师是国内外的专家，其中欧盟机构的专家通过欧盟资助的项目，如《欧洲成人学习议程》实施项目、欧盟成人学习平台以及"伊拉斯谟+"计划等应邀授课。研究、终身学习和就业能力司对成人教育工作者职前培训和持续专业发展进行持续资助，其目标是提高成人教育工作者的专业能力、保障成人教育质量。证明成人教育工作者教育的学习成就包括：能够在成人教育领域展开良好的实践，能够将成人教育与《马耳他资格框架》相联系，具备对成人学习者进行评价的能力，以及具备自下而上的创新成人教育手段的能力等。

（四）教师教育工作者教育

教师教育工作者至少应拥有硕士学位或博士学位。在专门从事职业教育和培训的马耳他人文科技学院，从事教师教育者通常都拥有教学专业资格，但该学院也会适当考虑教师丰富的行业经验而放宽条件。不过，一般来说，不具备教学专业资格的教师可以通过参加学院开设的晚间非全日制培训课程获得相应资格。

第二节 教师教育的特点

近年来，为提升马耳他总体教育质量，尤其是学前和中小学教育质量，马耳他政府加大了对教师教育体系的投资，并着力推动教师教育体系的发展与完善。在此过程中，形成了一些特点。

一、教师教育体系完整

马耳他有从学前、中小学、延续教育和高等教育机构，到成人教育机构的较为完整的教师教育体系。在马耳他政府的大力推动下，该国现已形成职前教师教育与教师持续专业发展相结合的教师教育和培训体系。职前教育体系由马耳他大学、教育学院、马耳他人文科技学院、马耳他旅游学院等机构提供的学位课程构成。2014年，政府颁布新规，要求到2018年所有从事教师职业者都必须获得相关领域的硕士学位，以保证和提升整体教育质量。为此，马耳他大学教育学院在2017年9月推出了教学与学习硕士的全日制课程，并从2018年开始在部分职业科目领域提供非全日制课程。教育学院推出了教育硕士课程，其他几所学校也提供相应的课程。

在教师持续专业发展方面，早在1988年，马耳他教育部就开始为教师和学校管理人员提供一系列在职教育和培训课程。这些课程通常持续3—10天，开始为教师自愿参加，后来转为强制参加。公立学校的教师每2年至少有一次在职学习的机会。因为培训是在每学年工作期间免费举办的，而且为教师提供了在特定领域提升技能和扩展知识的机会，因此受到教师的广泛欢迎。与此同时，马耳他大学、马耳他人文科技学院等教育机构还提供各种非全日制的夜校课程，教师也可以通过学习这些课程提升学历。

二、包容性教育意识强烈

包容性教育是马耳他政府近年来大力推行实施的教育理念，体现了马耳他政府与国际教育先进理念接轨的决心。2019年，马耳他政府发布了《包容性教育国家框架》和《学校中的包容性教育政策：通向优质包容之路》两份促进包容性教育的政策文件，明确了实现包容性教育和保障教育质量的各项战略。2022年9月，马耳他总理罗伯特·阿贝拉在纽约联合国总部召开的教育转型峰会上强调马耳他政府将继续致力于在教育领域实施包容性政策，他指出："我国的教育是全面包容性的，因为它聚焦于为所有人提供平等的机会。我们每一个人都应该将优质教育视为优先事项。"[1]

为实现学校中的包容性教育，马耳他政府非常重视加强教师教育。一方面，如前所述，马耳他的教师教育体系中有一类特殊人群，被称为"提供学习支持的教育工作者"，他们的主要任务就是在课堂上协助和支持那些有特殊学习需求的学生。另一方面，在《包容性教育国家框架》中也专门将教师的持续专业发展列为实现包容性教育的十大领域之一，而教师在持续专业发展中需要提升的重要能力之一就是应对日益多样化的学习需求所带来的各种新挑战的能力。框架中提出了有关教师开展包容性教育的指标。

（1）鼓励学校员工在包容性教育各领域参加个人和职业发展培训。

（2）创造机会让教师共同规划，分享资源和教学经验，学习对多元学习者需求做出最佳回应的新方法。

（3）提供职业发展机会，提升教师的包容性教学技能，满足学习者多样化需求。

（4）培训教师，学会如何发现和帮助存在"不可见"障碍的学习者，这些学习者的情况往往未受到关注，他们有更大的辍学风险。

---

[1] 资料来源于《马耳他独立报》官网。

（5）学校领导应了解可能导致排斥性行为的固有偏见，并指导和帮助教师发现和处理这些偏见。

（6）促进所有教师参加信息通信技术（ICT）培训课程。

（7）教师接受有关协作的培训，明确他们各自的角色，最大化地满足学习者的多元需求。

（8）为教师提供持续专业发展培训，扩展知识面，努力为所有学习者提供优质教育。

三、支持教师掌握现代教育技术

如前所述，在《包容性教育国家框架》中，以 ICT 为代表的现代教育技术在学校教学中的应用被视为实现包容性教育的手段之一。而现代教育技术能否在课堂上发挥积极作用，主要取决于教师是否能充分利用这些技术，是否有能力将其融入教学实践。因此有必要确保教师掌握使用数字设备的能力，但同时又不会因此分散学生的注意力或对其学习成果产生负面影响。

为此，马耳他政府进行了大量投资，为学校配备数字设备，同时也对教师开展专门的短期培训，内容包括如何在教学和学习中使用现代教育技术等。同时，学校还有专门提供信息技术支持的教师，协助教师解决技术应用中的问题。OECD 调查发现，马耳他教师对自身数字能力的自信水平高于欧盟平均水平，这说明马耳他政府支持教师掌握现代教育技术的举措取得了良好的效果。[1] 值得一提的是，学校对 ICT 技术及设备的投资在新冠肺炎疫情期间也发挥了积极作用。教学转到线上后，教师的教学涵盖了原线下课程的大部分内容。

---

[1] 资料来源于欧盟出版署官网。

第三节 教师教育的挑战和对策

一、中小学教师职业动力不足问题

2018年OECD进行的教学与学习国际调查数据显示，马耳他的中小学教师在开始工作时职业动力较强，但随着工作年限的增加，其职业动力逐渐下降。在调查中，有66%的教师表示如果可以重新选择，他们还愿意做教师，但这低于欧盟国家77.6%的平均水平。在有5年以上工作经验的教师中，愿意重新选择做教师的比例为63.7%，而新入职教师的比例为73%，均低于欧盟76.4%和83.7%的平均水平。[1]

造成这种现象主要有两个原因：一是中小学教师的社会地位不高，二是教师的薪酬较低。OECD调查显示，只有14.5%的初中教师认为自己的职业在社会上是受到重视的，而欧盟国家的平均水平为17.7%。马耳他本地媒体经常对教师进行批评，认为他们虽然享受了良好的工作条件，但却未能满足不断变化的社会发展需求。此外，马耳他招聘和保留优秀教师困难，教师职业中的性别比例失衡情况较严重。调查发现，在学前教育领域，99%的教师都是女性，小学女性教师占86%，中学女性教师占64%。而在高等教育阶段，女性教师比例更是骤降至36%。[2]

中小学教师薪酬涨幅有限也是导致教师难以招聘以及难以保持职业动力的重要原因。例如，马耳他初中教师的年薪起薪为24 494欧元，与欧盟平均水平25 946欧元接近，但薪酬涨幅非常有限，在工作约19年后他们的

---

[1] European Commission. Education and training monitor 2019: Malta [M]. Luxembourg: Publications Office of the European Union, 2019: 4.

[2] European Commission. Education and training monitor 2019: Malta[M]. Luxembourg: Publications Office of the European Union, 2019: 4.

薪酬达到最高点，但此时的薪酬却要比欧盟平均水平低 26%。[1]

为解决马耳他中小学教师职业动力不足问题，马耳他政府在《马耳他教育战略框架（2014—2024 年）》中强调要为教师提供与工作相关的持续专业发展教育，提供适当的支持和条件，包括为教师提供获得更高学历的机会。这样既能提升教师的教学技能、改进教学质量，也能提高教师的社会地位。框架还鼓励各利益相关方，如马耳他大学教育学院、马耳他教师工会等积极参与教育改革。2017 年，政府与马耳他教师工会签订了一项协议，条款包括根据教师的工作时长为他们增加津贴，并引入新的津贴项目等。同年，马耳他教师工会又与天主教教育秘书处签订协议，将政府协议中的津贴项目延伸至教会学校的所有教师和天主教教育秘书处的所有教育工作者。

二、中小学教师人数不足问题

2017 年，马耳他小学教师中 50 岁以上的人数为 11.5%，远低于欧盟 32.8% 的平均水平，初中教师中 50 岁以上的人数为 15.2%，而欧盟平均水平为 39.3%。[2] 但是，马耳他中小学却长期面临教师人数不足的问题。2017—2018 学年教师人数不足问题明显，2018—2019 学年情况有所改善。造成教师人数不足的主要原因是教师或已经在其他行业找到薪酬更高的工作，或因照顾家庭而放弃教职。目前解决教师不足问题的措施主要有与有教师资格者签订临时合同或者雇佣代课教师。但这样做所带来的教师流失率高的问题会对教师之间的合作和学生学习成果产生负面影响。

---

[1] European Commission. Education and training monitor 2019: Malta[M]. Luxembourg: Publications Office of the European Union, 2019: 4.

[2] European Commission. Education and training monitor 2019: Malta[M]. Luxembourg: Publications Office of the European Union, 2019: 4-5.

为解决中小学教师人数不足问题，马耳他政府采取了一些应对举措，2015年建立以教师教育和培训为主要任务的教育学院就是其中一项重要举措。2018年马耳他大学设立教学与学习硕士是另一项重要举措。教育方向硕士学位的设立提升了职前教师教育的水平，提升了教师学历，吸引更多人才投入教师职业，也有助于改善教学质量。2018年，教育学院开始采取混合学习方式为代课教师提供小学和部分初中科目的非全日制职前教师教育，以支持希望提升学历的代课教师继续进修，进而获得正式教师的资格，并提高薪酬。希望转行担任教师者也可以通过学习这些课程，获得教师资格，进而担任教师或教育管理者。

教师教育一直是马耳他国家教育体系的重要组成部分。近几年来，教师教育受到了更大的重视，教师的职前和职后教育都得到了较大的发展。特别是教育硕士学位的设置和专门性教师教育学院的建立，不仅有力地提升了教师的学历，而且提高了教师的社会地位，增强了教师职业的吸引力。然而，马耳他中小学教师中长期存在的人数不足和职业动力不足问题仍有待马耳他政府继续采取有效措施解决。

第十章 教育政策

第一节 政策与规划

马耳他政府在制定教育政策与规划方面发挥着主导性作用，并以法律形式明确了政府的教育职能。1988年出台的《教育法》明确规定了政府在教育政策与规划制定方面的权力，包括为所有学校制定《国家课程框架》，为所有学校设立国家最低办学标准，以及保证所有学校遵循上述框架与标准。根据《教育法》规定，具体的政策与规划制定、实施与评估工作应由教育部下设相关司局负责。《教育法》中明确提出，马耳他共和国每一名公民无论年龄、性别、信仰或经济状况都有权利接受教育和指导。该规定是马耳他政府在制定各项教育政策与规划方面的总纲。马耳他政府制定的《国家课程框架》《预防早期离校战略规划》《终身学习战略》《包容性教育国家框架》等都体现了该规定。2022年9月，在纽约联合国总部召开的教育转型峰会上，马耳他总理阿贝拉再次强调，马耳他的教育体系聚焦于"保证所有人平等地获得教育"。

马耳他负责教育事务的主要部门为教育部。教育部的使命是为马耳他人培养在21世纪及以后的就业和生活中所必需的技能和才能。在教育部的4项核心职能描述中，有一项即为继续制定和实施教育和就业方面的有效政策，并保持与相关领域的利益相关方紧密协作。

近年来，马耳他政府一直致力于开展教育改革，其内部动因主要是国内教育系统所面临的挑战，而外部动因则主要是达到欧盟教育领域2030年各项目标的要求。教育改革通常也是由教育部及其下属部门负责制定规划和实施监督的。在计划颁行一项教育改革政策或规划时，教育部一般都会建立专门咨询小组，先与各级各类教育工作者、民间团体或行业机构等利益相关方进行广泛磋商，继而提出针对特定领域或特定问题的政策或规划建议。在政策或规划制定后，教育部会再次广泛征询公众意见，最后形成正式颁行的政策或规划。这些政策或规划将由教育部下属某个司局或者特定机构、委员会负责实施。

近年来，马耳他教育改革的步伐不断加快，推出了多项教育政策与规划。以下我们将对在马耳他教育领域产生深远影响的几项政策与规划进行较详细的介绍，对其他一些重要政策与规划做简要说明。

一、《马耳他资格框架》

马耳他是参与博洛尼亚进程的国家之一。自加入博洛尼亚进程以来，马耳他启动了统一教育资格和重视高等教育发展的进程。2005年，根据马耳他第347号法律公告，马耳他资格委员会成立，为基于《欧洲资格框架》（EQF）制定《马耳他资格框架》（MQF）铺平了道路。2007年，《马耳他资格框架》正式推出后，马耳他在资格框架方面走在了欧洲前列。框架将义务教育、职业教育和学术教育中的资格全面纳入一个统一的体系。通过正规、非正规和非正式学习所获资格均可基于框架而确定。框架对各级别资格进行了基于学习成果的描述，具体包括所获得的知识、技能和能力情况。

与EQF一样，MQF也分为8个级别，其中5—8级与《欧洲高等教育区资格框架》（QF/EHEA）相关联。每个级别的描述都是基于学习成果的，它们与 EQF 和 QF/EHEA 的级别描述相匹配。对各级别学习成果的详细描述确保了参照该框架开展资格认证的透明度。MQF 还与《跨国资格框架》（TQF）相联系，使得其不仅可以与欧洲各国的资格框架相对照，也可以同欧洲以外国家的资格框架相对照。

MQF 1—4 级覆盖义务教育年龄以上、高等教育以前的所有教育级别，包括职业教育和学术教育的机构和学生，所获资格有预科证书、文凭或国家高等文凭证书等。MQF 5—8 级覆盖高等教育阶段的所有教育、培训和研究，所获资格有学士证书、文凭或学位，硕士证书、文凭或学位，以及博士学位。

MQF 的制定是马耳他教育体系与欧盟接轨的重要里程碑。它使马耳他的资格体系更易理解和认定，在国内外的透明度更高。该框架还通过描述和对比国内外资格框架以提升各类教育资格的质量、透明度和流动性。

2012 年，马耳他资格委员会和国家高等教育委员会合并为延续和高等教育委员会，后于 2021 年重组为马耳他延续和高等教育署。该机构目前负责维护《马耳他资格框架》，是《欧洲资格框架》的马耳他协调中心，也是马耳他资格及认定信息中心所在地。该机构的工作重点包括：对延续教育和高等教育机构开展认证；对延续教育或高等教育课程开展认证；保证教育机构和课程的质量；对已获国家或国际资格及预期将获资格进行认定；对非正规和非正式学习进行验证；就延续教育和高等教育相关问题开展研究和提出政策建议。在开展这些工作时，该机构与教育部以及公立和私立教育和培训机构密切合作，拓展终身学习的机会，促进终身学习的学分转移和进阶，推动职业教育和培训的发展及其在国内外获得认可。

二、《马耳他教育战略框架（2014—2024 年）》

2014 年，马耳他教育部发布《马耳他教育战略框架（2014—2024 年）》（下文简称《战略框架》），该框架是近年来促进马耳他教育发展的纲领性文件，是此后制定各项教育政策的基础性文件，因此有必要对其加以介绍。

《战略框架》是在马耳他政府推动全社会终身学习的大背景下制定的宏观规划。《战略框架》涵盖的内容非常广泛，既包括早期儿童教育和保育、中小学教育、延续教育、高等教育和成人教育等各级别的教育，又覆盖正规、非正规和非正式教育，旨在确保所有儿童、年轻人和成人都有获得成为积极公民并取得成功的机会和能力。《战略框架》指出，上述能力的获得不应该受到任何社会经济、文化、种族、伦理、宗教、性别或地位差异的阻碍。《战略框架》充分认识到学校外部因素，如贫困和社会排斥问题对学生学业成就的影响，希望通过各类方式改善学生的学习体验。为此，在制定《战略框架》过程中，教育部与各利益相关方开展了广泛的协商与协作。

制定《战略框架》的总目标是让马耳他人掌握 21 世纪所需的就业能力和成为良好公民所必需的技能。该框架有 4 个具体战略目标。

（1）缩小男女学生及不同学校学生在教育成就方面的差异，减少低成就者数量，提高学生的读写、计算能力和科技能力，以及学习成就。

（2）支持贫困地区或处于较低社会经济地位的儿童接受教育，降低辍学率。

（3）提高终身学习和成人教育的参与度。

（4）提高学习者在延续教育、职业教育和高等教育中的成就及保留率。

需要强调的是，《战略框架》中的战略目标是在欧盟和国际最佳实践和政策的基础上提出的，其中列出的马耳他教育政策的 7 大战略支柱都来自欧盟地区和国际教育领域的倡议。这 7 大战略支柱及其具体内涵如下：

（1）教育机构的治理：保证长期融资；投资的可持续性；支持现代化和

创新的治理结构；支持行政程序的制定；行政透明。

（2）社会维度：平等的教育机会；就业能力和教育的相关性；终身学习；从社会和行业视角开展技能评价；开放获取有关教育选项和资格认证的机会。

（3）国际维度：在社会各领域加强英语教学；学生和教师的国际流动性；对国际新体系和进程的开放性；与《欧洲资格框架》接轨；评价和考试方式接轨；提高本地资格的国际认可度。

（4）教育质量：保证教育项目的质量；提高人员素质，促进教育工作者的持续发展。

（5）以学生为中心：开展以学生为中心的学习；通过咨询、指导、辅导和追踪系统支持学生；相关流程的现代化和自动化。

（6）战略创新：加强教育、社会、行业和公共部门四方面的互动；对教育工作者开展新的教学和学习方法培训；对学生、教育工作者和利益相关方进行反馈；基于国际教育发展情况和利益相关方的反馈，重新调整和制定战略目标。

（7）绩效衡量：数据收集与报告；在欧洲目标背景下衡量成就和差距。

《战略框架》的制定为其他教育政策提供了方向和重点领域。此后制定的《马耳他岛和戈佐岛人人识字国家战略》《预防早期离校战略规划》《马耳他高等教育战略》《职业教育和培训国家政策》《终身学习战略》等均以《战略框架》为基础。

《战略框架》还概述了教育改革战略。它提出，教育改革战略是灵活、持续、包容、民主、长期和可持续的；在学生方面，着眼于提升学生的参与度和学习动力，并在一个包容、安全、有序的生理和心理环境中促进学生树立高远目标；在教师方面，为教师提供相关的持续专业培训，以及大幅度提升教学技能的适当支持和条件，以促进教师职业的发展；在管理层面，促进课堂、学校、学院管理创新并规划课程设置创新的新路径。

在《战略框架》的制定过程中，马耳他政府与教育、经济部门和民间团体等开展了紧密协商与协作。框架指出，在制定和实施教育战略时也应在各利益相关方之间形成更加有效的合力。这些利益相关方包括教育工作者、家长、雇主、工会、地方委员会、非政府组织等。同时框架还强调应形成马耳他与欧盟教育资源之间的有效合力。对此，框架特别指出，适应教育领域的挑战不能仅凭本国的方案，还需要跟博洛尼亚、哥本哈根等欧盟进程相结合，但同时又不能简单照搬，而是要结合本国实际加以调整适应。

三、《学习成果框架》

2015年，马耳他教育部质量与标准司牵头制定了《学习成果框架》。制定该框架的目的是进一步支持实施2012年制定的《国家课程框架》。《国家课程框架》基于欧盟的8项核心素养框架提出了8大学习领域，同时建议制定一个学习成果框架作为整个义务教育阶段学习和评价的标准。《学习成果框架》与《国家课程框架》共同构成了马耳他义务教育领域用以衡量办学质量的国家基准，两者都是马耳他政府实施教育改革的一部分。《学习成果框架》的颁行实现了从统一制定教学大纲到学校自主决定教学大纲和从聚焦知识传授到聚焦基于知识、态度和技能的学习成果的两大转变。马耳他政府期待通过该框架的实施赋予学校在课程设置方面更大的自主权，以便更好地满足不同学生的学习需求。

《学习成果框架》提供了从幼儿园到中学每个级别、每门科目的学习成果描述。这些科目围绕的8大学习领域分别为语言、数学、科技、宗教与伦理、健康与体育、民主教育、人文学科和视觉与表演艺术。同时，该框架还以各种形式融入了6大跨课程主题，分别是基本文化素养、数字素养、多元性教育、可持续发展教育、创业和创新教育，以及学会学习和合作。

2018—2019学年，马耳他开始在教育领域引入新制定的《学习成果框架》，首先在幼儿园一年级开始实施。在《学习成果框架》的指导下，课程围绕儿童兴趣而设置，并采用统一方法对待教和学，为儿童获得更高阶能力提供支持。这种教学法以儿童已有知识为基础，鼓励他们提出问题，发现概念之间的联系，增加他们对世界的理解。这种评价方式旨在促进儿童全面发展，倡导游戏式和体验式的快乐学习。评价方式改革后，家长将会收到儿童学习成果的定期报告。

2018—2019学年，基于学习成果的项目和课程大纲还在3年级和7年级引入，2019—2020学年则进一步引入到4年级和8年级。这些年级的教学现在更加以学生为中心，课堂上的所有活动都旨在实现框架设定的学习成果。4—9年级的年中考试已经取消，对学生采取持续性评价方式。在每学期结束时，3年级和4年级的家长将会收到对孩子学习成就的反馈。而7年级和8年级的学生会在第二和第三学期结束时收到一个评价分数，并在学年结束时收到考试分数。

四、《家庭作业国家政策》

2018年3月，马耳他教育部发布《家庭作业国家政策》，帮助教育工作者了解什么是满足学生不同需求的有意义的家庭作业。该政策指出，对家庭作业的期待应与《马耳他教育战略框架（2014—2024年）》中概述的价值观相符。《家庭作业国家政策》明确了不同的教育工作者在应布置的家庭作业时间、计划、数量、家庭作业报告和因能力不同而布置不同的家庭作业等方面的具体角色和责任。教育部要求该政策必须被纳入每一所学校的年度发展规划，每隔5年审议一次。

五、《我的旅程：多重实现路径》

《我的旅程：多重实现路径》自 2019 年起在中学实施。这项改革是伴随《学习成果框架》推出的。这项改革的主要目标是提高中学教育质量，减少早期离校人数，使学生为未来的挑战和机遇做好准备。这项改革将提供更具包容性、更加公平的教育，以满足学生不同的需求。它将中学教育体系分为三个领域，即通用科目、职业教育科目和应用型科目，后两者的引入主要是为了强化实用技能培养，以减少早期离校的人数。《我的旅程：多重实现路径》在 2019—2020 学年正式实施，该学年有超过 55% 的 9 年级学生至少选择了一门职业教育或应用型科目。

六、《学校包容性教育政策：通向优质包容之路》

《学校包容性教育政策：通向优质包容之路》制定于 2019 年，其愿景是保证所有学习者都能获得优质的指导、干预和支持，以期在一个优质的包容性教育体系中学习。该政策提出了实现包容性教育的十大具体目标。

（1）重视教育的多元性和学习者差异。

（2）在所有教育工作者和家庭之间培养一种信念，即只要有适当的教育策略，每一位学习者就会拥有学习和取得成就的能力。

（3）通过营造一种充满理解、关怀、尊重的学习环境，为所有学习者及其家庭创造归属感。

（4）保持与学习者潜能相符合的高期待，提供有意义和相关性的学习体验，尽可能地发挥学习者的潜能。

（5）聚焦优点，鼓励既有的和成功的实践，鼓励个人的创意。

（6）承担集体责任，鼓励形成协作型学校文化和氛围，同时保持学生的相对独立性，以促进所有学生的学习。

（7）共同制定相关解决方案，满足所有学习者的需求。

（8）运用灵活的教学模式，消除学习环境中的障碍。

（9）构建学习共同体。

（10）推广成功的教学案例，增强所有教育工作者和专业人士的工作动力和自主性。

七、《马耳他岛和戈佐岛早期儿童教育和保育（0—7岁）国家政策框架》和《早期儿童教保育服务国家标准（0—3岁）》

2021年10月，马耳他教育部网站发布《马耳他岛和戈佐岛早期儿童教育和保育（0—7岁）国家政策框架》和《早期儿童教育和保育服务国家标准（0—3岁）》（下文简称《标准》）征询公众意见。该框架提出了早期儿童教保育在服务可及性、教育工作者、课程设置、监督与评估以及治理与资金5大领域的基本政策目标。《标准》取代2006年发布的《儿童保育设施国家标准》，成为马耳他早期儿童教保育领域的最新标准。《标准》反映了马耳他在相关领域的最新发展，并对标2012年的《国家课程框架》及2014年欧盟委员会《关于早期儿童教育和保育质量框架的建议》。

八、《早期离开教育和培训——前进道路（2020—2030年）》

2021年6月，马耳他教育部网站发布《早期离开教育和培训——前进道路（2020—2030年）》征询公众意见。该政策是基于大量研究和利益相关方咨询制定的。它基于预防、干预和补偿三原则，确保人人享有包容性优质教育和促进终身学习；缩小男女学生及不同学校学生在教育成就方面的差距，减少低成就者数量，提高学生的识字、算术、科技能力和学业水平；支持贫困地区和处于较低社会经济地位的儿童提高教育成就；提高延续教育、职业教育和高等教育及培训中的学生保留率和成就水平；增加终身学习和成人学习的参与度。

九、《马耳他岛和戈佐岛基本文化素养国家战略（2021—2030年）》

2021年6月，马耳他教育部网站发布《马耳他岛和戈佐岛基本文化素养国家战略（2021—2030年）》征询公众意见。该战略的目标是减少由于文化水平低而遭受社会性排斥的人数，旨在对《人人享有基本文化素养国家战略（2014年）》中的目标和行动进行巩固和延伸。

十、《终身学习国家战略（2020—2030年）》

2021年6月，马耳他教育部网站发布《终身学习国家战略（2020—2030年）》征询公众意见。该战略涵盖学习者在15岁以后参加的普通教育和职业教育中的正规、非正规和非正式学习活动。该战略的4个支柱如下：

（1）为低技能、低学历成人提供更多受教育机会。

（2）提供多样化的学习方法和机会。

（3）保证终身学习课程质量。

（4）通过相关指导，帮助成人做出明智的教育选择。

第二节 实施与挑战

马耳他的教育领域近年来出台了一系列政策与规划文件，其中一些政策的实施已经取得了较为明显的积极效果。但在实施过程中，这些政策与规划也面临着不少挑战，需要进一步完善。

一、政策与规划的特点

（一）总体性与专门性相结合

马耳他的教育政策与规划大致可以分为两类，一类是覆盖整个教育领域的总体性战略，另一类是针对特定教育阶段或特定问题的专门性战略。总体性与专门性战略之间联系紧密，总体性战略为制定专门性战略提供方向和基础，而专门性战略则是为实现总体性战略而制定的细化方案。本书上一节介绍的《马耳他资格框架》和《马耳他教育战略框架（2014—2024年）》即为总体性战略，它们是制定专门性战略的基础。例如，2021年的《早期离开教育和培训——前进道路（2020—2030年）》中提出的目标就与《马耳他教育战略框架（2014—2024年）》中的目标完全一致。上一节提到的《早期儿童教保育服务国家标准（0—3岁）》《学校包容性教育政策：通向优质包容之路》等是分别针对学前教育和义务教育阶段的专门性战略。专门性战略的针对性强，有助于聚焦解决特定教育阶段或特定方面的问题。

（二）政策与规划实施有保障

马耳他政府在制定政策与规划时通常会先与各利益相关方开展广泛的

磋商和咨询，在研究国内外现状和汲取各方面建议的基础上最终确定政策与规划的目标和具体内容。在政策与规划正式发布后，政府通常会指定专门机构——包括教育部及其下属部门或第三方机构——负责实施，并在实施过程中建立适当的质量保障和外部监督机制，以确保政策规划的实施效果。例如，教育部制定的《早期儿童教保育服务国家标准（0—3岁）》适用于所有开展早期儿童教保育的机构，而对这些机构开展外部监督和质量保证的就是教育部下属的质量和标准署。标准中明确规定，质量和标准署官员将以实地考察的方式监督和监管办学机构，同时依据标准中的质量标准撰写书面报告，帮助机构反思、聚焦和优化内部审查机制，指导它们达到预期的目标。

（三）与国际对标

在2004年加入欧盟以后，马耳他一直以达到欧盟的各项教育目标为己任。《马耳他教育战略框架（2014—2024年）》非常明确地指出，"在全球化的今天，教育变革的速度不是由一国自主决定的。如果不能跟上其他国家的步伐，任由其他国家超越本国，就会使本国处于风险中，使本国国民的未来受到威胁。"[1] 又如，教育部发布的《终身学习国家战略（2020—2030年）》中，首先描述的就是欧盟的成人学习政策和成人学习情况，继而才提出马耳他的成人学习政策及目标。马耳他加入欧盟后，在教育领域一方面要摆脱英国体系一家独大的现状，另一方面要在欧盟大家庭中迎头赶上领先国家，同时还要考虑本国做出的国际承诺，如对实施《联合国可持续发展议程2030》的承诺，因此，在教育政策与规划的制定方面表现非常积极。

---

[1] 资料来源于马耳他教育部官网。

二、案例研究:《马耳他资格框架》的实施、挑战与未来发展

本节聚焦《马耳他资格框架》的实施效果、挑战与未来发展。制定MQF是马耳他教育领域的一个里程碑。它不仅将马耳他现有各级别教育系统融入一个统一的评价框架,而且还为马耳他教育体系的进一步完善和与国际接轨奠定了良好基础。

对MQF实施效果及挑战的评估主要从以下几方面开展。

(一)认知度、可见度和宣传

2016年的一项问卷调查显示,只有70%的受调查者表示对《马耳他资格框架》有一定了解,而学习者群体对该框架的认知度较低。[1]人们对框架的了解主要是通过马耳他延续教育和高等教育国家委员会网站,但是该网站没有在主页设置专门的框架导航条,因此人们需要通过点击其他页面中的链接才能进入框架专门页面。委员会虽然在其社交媒体账户上做过一些宣传,但没有开展足够的社交媒体宣传活动。由此造成的结果是框架的可见度不高。调查发现,在对框架认知度最高的教育工作者和政府公务员群体中,也只有49%和40%的人表示会定期看到有关信息,而在学习者中,有65%的人表示从来没有或很少看见任何有关信息。多数被调查者认为框架的宣传工作做得一般。

针对此情况,调查小组提出以下建议:在提供框架相关信息时采取市场化的手段;制定有力的沟通和市场营销策略,保证各利益相关方获得他们需要的信息;有关框架的服务均以框架为中心。

---

[1] 本小节所有数据均来自马耳他延续与高等教育署官网的《马耳他资格框架影响评估最终报告》,以下不再一一注明。

（二）框架对教育质量的影响

62%的教育工作者和70%的政府公务员表示框架容易或非常容易使用和理解。21名职业指导工作者中有20名表示框架容易或非常容易使用和理解。但是只有不到50%的雇主和学习者认为框架容易或非常容易理解和使用。有28%的学习者表示"不知道"，说明学习者中还有相当一部分人没有接触到该框架。

45%—55%的教育工作者表示他们在教育工作中使用了框架。超过70%的人表示框架在他们的教育工作中产生了一些积极效果，有1/3的人认为效果非常积极。只有约2%的人表示框架造成了一些非常负面的效果。这说明框架对教育工作者来说是一个普遍有用的工具。

在框架对雇主和政府部门招聘人员质量的影响方面，42%的雇主和41%的政府工作人员表示他们在招聘人员时使用了框架，56.6%的政府工作人员认为框架对招聘流程质量和申请者数量都产生了积极或非常积极的影响，38%认为框架对申请的多样化产生了积极影响。而雇主的反馈却不那么积极，48%的雇主认为框架对招聘流程有一些积极影响，但只有1人认为影响非常积极。约30%的雇主认为框架对招聘流程没有影响，超过一半的雇主认为框架对申请的数量和多样化没有影响。39名雇主中有5名认为框架对申请造成了负面或非常负面的影响。

在调查中发现，框架实施面临着两个关键的挑战，一是雇主和教育工作者需要更加深刻地了解与框架有关的详细信息，二是将框架应用于不同的教育场景是有困难的。为此，调查小组提出改进建议，要有计划地为机构和雇主提供研讨班和其他能力建设活动。

（三）包含全部学习类型和项目

《马耳他资格框架》在各种资格之外，还增加了"证明"。证明通常是发给短期培训课程的。不少雇主充分利用这种培训课程提升雇员的技能。近年来，线上学习的需求越来越大，特别是在新冠肺炎疫情发生以后，因此延续教育和高等教育委员会（NCFHE）在 2020 年对该领域提供了大量支持。采取的措施包括发布与数字项目认证相关的指南、提供培训和与专家签约以提供更细致的支持等。因此，疫情后纳入框架的学习项目更加多样化了。目前，框架在容纳主流教育之外的各种项目方面已经有了良好的基础，但也仍然面临一些挑战。

在调查中发现，教育工作者对框架的态度比学习者和雇主要积极很多。有些雇主连学分如何分配、证明和资格之间有何差异都搞不清楚。但教育工作者并不一定总是了解职场对技能类型的最新需求。有些雇主认为框架未能与时俱进，他们指出，一个成功的工作者会在职场中学习到非常必要的技能，而框架在对这种学习的纳入方面不够灵活。

调查小组建议，NCFHE 应进一步明确框架现阶段涵盖的范围，采取最佳的沟通策略，并开发一些案例研究，以展示框架的确可以为许多学习者提供真正灵活的方案。

（四）信任、透明度、响应能力和多样性

大部分雇主承认资格框架对他们自身及其员工有相关性，56% 的雇主和57% 的政府工作人员表示框架在改进他们与教育工作者的合作方式方面起到了部分或者非常积极的作用，49% 的教育工作者认为框架在改进他们与雇主合作方面发挥了积极作用。

但是雇主们对一些关键特征和概念还存在不少困惑，例如，学分、学

习量、证明和资格的差异等。这些概念对教育工作者来说非常清晰，但对教育行业以外的人士却是一种"外语"。

有一半的学习者认为框架对他们准备工作和未来学习产生了积极或非常积极的影响，其余一半人则表示对此不了解或者没有任何影响。有6名被调查者表示框架在这些方面造成了负面影响。

在对之前学习的认可方面，被调查者主要提出了两方面的问题：一是在框架颁布前参加学习项目的人，或者通过非正规学习获得技能的人，他们的资格认证会遇到问题；二是非正规和非正式学习虽然被纳入了框架，但这方面的系统建设还不够成熟。

为此，调查小组建议，应采取多种手段促进雇主、学习者对资格框架的理解，承认学习者之前以各种形式进行的学习，并保证有一个适当的监督和审议流程。

（五）国际流动性

马耳他质量认证信息中心负责根据资格框架对国外取得的资格开展认证，并支持马耳他机构在国外开展的学习项目。24%的教育工作者和10%的学习者表示他们曾使用框架帮助他们理解在国外完成的学习项目所对应的级别。5%的学习者在选择国外学习项目时曾参考过框架。47名雇主中有15名表示他们曾利用框架了解员工在国外完成的学习项目的级别。可以说，人们对于用框架来支持国际流动性是有相当兴趣的。

但是，有些人认为现有的正式认证程序不够透明和直接，而且要获得有关《马耳他资格框架》与其他框架级别对应关系的信息并不容易。尽管《MQF/EQF互参报告》提供了两个框架之间的关联，但该报告的技术性较强。还有人提到，语言水平的认证也是国际流动性的重要部分，但《马耳他资格框架》中的资格级别跟《欧洲语言共同参考框架》很难对标。

因此，研究小组建议，编写一份简单易懂的文件，说明《马耳他资格框架》和《欧洲资格框架》中的级别对应关系。

（六）对延续教育和高等教育委员会（NCFHE）的看法

NCFHE 的使命就是通过对资格框架中各类资格的研究、有效许可、认证、质量保证和承认，促进马耳他延续教育和高等教育的发展和实现卓越。教育工作者对 NCFHE 的角色理解最清晰，但对于需要对国外学习或框架制定前的学习经历进行认证的学习者来说，NCFHE 的角色却不那么清晰。有不少人将委员会和资格框架混为一谈，有些人对认证程序的成本、耗时以及最终认证的级别感到不满。

调查小组建议，NCFHE 要明确将资格框架的完善和实施作为本机构的重点工作，提升框架的可见度，促进所有使用框架的不同群体对本机构作用和任务范围的理解，确保分配足够资源为利益相关方提供专门支持，促进马耳他所有群体更好地理解该框架。

为适应马耳他经济、社会发展的需求，马耳他政府主导的教育改革正如火如荼地展开。马耳他政府制定了大量的教育政策与规划，其中既有总体性战略、框架，也有专门性的发展规划，它们共同推动马耳他教育体系不断完善。但是，如我们在案例研究中所看到的，一项政策规划从制定到实施并非一蹴而就，就连《马耳他资格框架》这样一个已经有十几年历史的重要文件，至今在执行中仍面临不少问题。对马耳他政府来说，当前的任务不仅是制定大量的政策规划，还要追踪和保障它们的实施效果，使其能在实质上实现已定的愿景。

第十一章 教育行政

第一节 教育行政体系

一、中央教育行政体系

马耳他的教育行政体系是基于《宪法》《教育法》及其他相关法律框架建立的。马耳他《宪法》明确规定公立中小学免费提供义务教育，以确保所有儿童都可以实现他们的学习潜力。

在义务教育方面，马耳他《教育法》及其修订案做出了以下具体规定：义务教育从5岁开始至15岁结束；国家有权确定适用于所有公立和非公立学校的国家最低课程框架和最低办学条件，并确保各学校达到要求；家长有确保适龄子女进入义务教育并一直学习到义务教育结束的法律义务；家长有权决定子女接受什么样的教育，例如他们有权选择让孩子在学校不接受天主教教育而接受伦理教育。

《教育法》还明确规定国家有为所有马耳他公民，不论其年龄、性别、信仰或社会经济背景，提供全面优质教育的义务，具体包括：确保中小学校、特殊学校和其他学习机构普遍可及；促进文化、科学和技术研究的发展，为劳动者提供职业培训，提升其专业能力；保障残疾人士和不能工作的人士接受教育和职业培训的权利。《教育法》还对马耳他大学、马耳他人文科技学院等高等教育机构的管理运行和资金来源做出了相关规定。

教育部是统揽马耳他教育行政的最高机构，全面负责马耳他公立教育体系的建设、发展和监督。由于马耳他国土面积很小，没有地方政府，因此不存在专门的地方教育行政部门。公立学校的资金都直接来自国家财政拨款。教育部的使命是为马耳他人提供21世纪及以后作为公民和就业所必需的技能和才能。教育部的主要行政职责包括教育立法、推动教育政策制定、提出教育预算和管理国家财政拨款等。教育部当前的主要工作目标是：确保人人享有平等接受优质教育的机会；建设一个能够为年轻人提供必要技能、价值观和自力更生能力的教育体系；提供多样化的高等教育和培训机会，使所有人都能获得成功，在专业上得到发展；继续制定和实行教育和就业领域的有效政策，并与利益相关方紧密合作。

以教育部为主体的中央教育行政体系包括教育部部长、常务秘书[1]和国会秘书，以及下设各业务部门。

教育部部长直接领导下的机构为教师职业理事会，其使命为促进高标准的教学，提升职业能力。其具体职能有：对教育和培训标准进行审查和评价，对教师是否适合其职业进行审查和评价；审查教师资格申请，并就是否颁发资格证书提出建议。

教育部的日常行政管理职能由常务秘书负责。常务秘书领导多个职能司局及其他实体，其中最重要的是教育服务司，研究、终身学习和就业能力司及战略与支持司。

教育服务司负责管理学校和学院的教师和行政人员，管理针对学生提供的服务，以及监督学校的内部审计等。此外各学院院长也归属该司。

---

[1] 常务秘书相当于主持日常工作的副部长。

研究、终身学习和就业能力司负责学校的课程设置、评价和国际游学、数字素养和横向技能，以及终身学习和研究等方面的工作，在夜校、地方委员会和非政府组织全年提供多样的成人学习课程。课程包括学术科目和基本文化素养或兴趣班，如信息技术、识字、算术、手工艺、娱乐和创意艺术等。此外，该司还是欧洲教育信息网络在马耳他的协调机构。

战略与支持司负责学校和学院的基础设施和资源建设、人力资源管理、财务规划与管理、采购和办公室管理等，负责协调和确定教育部在欧盟和其他国际舞台上的立场，参与制定相关政策。此外，该司协调教育部对欧盟有关的文件，如建议、来文、报告、问卷、普通通信的行动和回应，还协调教育部官员去国外参会。它下属的项目执行处协调教育部管辖内各实体推出的政策，以及为实施这些政策所需资源的规划和预算。

在常务秘书直接领导下的还有考试司、质量保障司、国际关系和项目执行司、奖学金处，以及信息管理处等。常务秘书领导下的教育部直属高等教育机构有马耳他大学、马耳他人文科技学院和教育学院。另外还有其他一些专门性机构，如马耳他延续和高等教育署、教育服务基金会和"明日学校"基金会等。

教育服务基金会的目标是发展和管理早期干预服务和项目，以确保为处于辍学和社会排斥风险的所有学生提供优质教育；为家长开发和管理教育项目，使他们能够应对培养和支持孩子发展的挑战；满足公民非正式终身学习需求；将学校发展为社区学习中心，鼓励阅读有关教育实践研究的出版物。基金会开发了四个核心的教育支持项目，聚焦于基本文化素养和家庭基本文化素养。目前，基金会管理着 Smartkids 儿童保育中心、Klabb 3—16 岁中心和 SkolaSajf、Youth.Inc 等项目。

2001 年，马耳他政府设立了"明日学校"基金会，与教育管理部门协作开发、建设、装修、维护学校和其他教育机构。实际上该基金会建立的主要目标是根据国家课程的要求和指导原则，提供一种替代的、更有效率的和成本效益比更高的方法,给正在进行建设、升级和装修的公立学校提供资金,将它们从"今日学校"转变为"明日学校"。

二、地方市政委员会

马耳他的地方市政委员会提供一定的教育管理和服务,具体包括:配合中央政府,根据国家规划,建设、发展和维护儿童保育中心、幼儿园和其他教育服务机构;推荐小学理事会主席的人选;推动本地的终身学习进程;管理本地的图书馆,等等。特别值得一提的是,地方市政委员会在推动成人教育和终身学习项目和课程方面非常积极。这些项目是由教育部研究、终身学习和就业能力司与本地行业紧密协作开发和运行的。地方市政委员会为这些课程提供授课场所。

近年来,马耳他政府致力于开展教育改革,以期全面提升教育质量,帮助所有马耳他人成为全球化世界中的积极公民和终身学习者。由于马耳他缺乏自然资源,它必须依赖优质教育和对人力资源的有效开发来积累和发展本国的智力资本。为推动国家教育体系改革,马耳他《教育法》历经数次修订。例如,2005年教育部启动的"学院制"改革就是通过2006年《教育法修正案》来推动和保障的。学院制改革的主要目标是由中央集权式教育行政管理模式转向分权式管理,通过决策权的下放,使中央教育行政机构转变为监管者的角色。根据改革方案,马耳他所有的公立中小学和学前教育机构均根据其所在地归属为10个"学院网络"。每个学院网络作为一个独立法人实体由一名院长负责管理。学院制改革在马耳他教育史上具有里程碑意义,该项改革至今仍在进行中。本章第二节将以其为案例,讨论马耳他教育体系由中央集权管理转向分权管理模式的背景、现状、挑战与未来发展方向。

第二节 教育行政改革案例研究

一、改革的背景

进入 21 世纪以来，特别是在加入欧盟后，马耳他政府一直致力于对教育体系进行改革。马耳他教育改革的一个重要主题就是由中央集权式的教育行政管理模式转向分权式管理，给予各级学校更大的自主权。2006 年的《教育法修正案》要求公立学校联合成立学院便是其中一项影响深远的关键改革措施。学院制改革的目标是改变既有的自上而下的集权式管理模式。开展改革的一个重要背景是马耳他政府试图逐渐摆脱体现马耳他殖民历史的英国模式。

马耳他的学校教育体系由公立、教会和私立学校构成。中央政府对教育体系拥有很大的控制权，其管理模式是高度集权模式。马耳他的法律在规定中央教育行政部门有责任依法提供有效的学校教育体系和开展与马耳他社会需求相关领域的教育和培训的同时，也赋予了马耳他政府制定适用于所有学校的国家课程框架的权力。同时，中央政府还主导着学校的人力资源、评价体系和质量保障。

1990 年之前，马耳他的公立学校的运作主要依赖中央政府的政策。1989—1990 学年，马耳他教育部启动了向学校放权的进程，开始尝试加强学校的自主权。但实质性的改革计划是从 2005 年教育部颁布的一份题为《让所有儿童获得成功：马耳他优质教育的新网络组织》的重要政策文件开始的。该文件提出要对马耳他的教育及教育治理体系进行激进和彻底的改革，其中最关键的举措就是建立"学校网络"，将公立学校集合为"学院"，通过同一学院网络中的各个学校之间的相互合作、学习及良好实践分享，从根本上改变学校之间、教师之间的关系，使其相互协作，增加整体价值。

改革计划中还包括对教育治理体系的改革,要将自上而下的中央集权式管理制度转型为由家长和教育工作者主导的分权式管理共同体模式。

二、改革的实施

教育部提出的改革计划在 2006 年《教育法修正案》中得到了正式确认。修正案明确了在教育部部长直接领导下的常设教育委员会的职能。该委员会有权就教育政策做出决定。修正案还明确规定了两个新建司局的职能,即:教育服务司负责向学院和公立学校提供服务,促进权力下放和增强学校自主权;教育质量和标准司负责监管、监督和保证马耳他教育项目的标准和质量。《教育法》要求各学校在新建的学院框架下开展合作。到 2007 年 10 月,马耳他的全部公立学校均归属为 10 个"自治"学院,其中 9 个学院在马耳他岛,1 个学院在戈佐岛。

《教育法》还规定了每个学院的治理架构和责权结构。每个学院都包括以下五部分:

(1)学院委员会。

(2)学院院长。院长对学院委员会负责。负责协调整个学院网络的工作,同时也担任由各学校校长组成的校长理事会主席。院长工作的主要目标是在学院范围内培养合作精神,发展共同理念和身份认同。

(3)校长理事会。由各中小学校长组成,对学院院长负责。

(4)学校理事会。由教职工和家长组成,主要任务是为学校的高层管理团队提供咨询,共同改善学校环境,让学生接受更加全面的教育。学校理事会成员每 2 年选举一次。学校校长担任该理事会秘书。

(5)学生理事会。主席由学校校长或校长任命的教职工担任。

2007 年,马耳他政府与马耳他教师工会签订了一项新的教育改革协议,内容包括引入新的治理结构、使机构和部门之间关系更加灵活、为新员工提供支持和提升服务、实施新建学院启动所需的责任框架等。

三、改革面临的挑战

马耳他2006年启动的教育行政管理模式改革虽然早已完成了学院制的建立,但在教育行政管理的权力下放方面仍面临不少挑战,因此,从这项教育改革要实现的最终目标来看,直到目前它仍是进行时。

马里奥·库塔加、克里斯托弗·贝钦纳和克里斯·詹姆斯等在2013年就学院制改革分别对政策制定者、学校校长及教师开展了系列访谈。他们发现,在教育行政体系从集权到分权的转型中,各利益相关方的看法并不一致,政府启动改革的良好愿望在实施过程中并没有完全取得预想的效果。[1]

受访的政策制定者普遍认为将教育行政管理方面的决策权下放意味着中央政府放弃了自身的责任,是一条危险的道路。他们认为,教育系统不能缺乏中央的集权控制。所有受访者均认为,马耳他的教育体系需要有一个对学校进行监督的更加强大的"中心"。因此,他们建议在将决策权下放到学院或学校层面的同时应该保持中央政府对教育行政管理的控制权。

学院制改革后,一些学院的院长的确发挥了非常良好的领导作用,促进了学院之间的协作和文化共建。但是,在不少学校校长的眼中,尽管学院院长具备很强的领导能力,但他们在管理和指导学校方面更多的是单方面地使用权力。因此,校长们认为,所谓的教育行政管理权的下放是表面化的,学院院长多数时候都是根据中央政府的指令采取行动,设立学院院

---

[1] CUTAJAR M, BEZZINA C, JAMES C. Educational reforms in Malta: a missed opportunity to establish distributed governance[J]. Management in education, 2013, 27(3): 118-124.

长的职位无非是在教育行政架构中平添了一层管理者而已。受访校长们指出，他们作为校长在管理自己学校时权力有限，并没有被赋予多少自主性，因为他们的所有决定都必须得到学院院长的确认和批准。这种情况造成的后果就是学校校长的工作量反而增加了，因为他们现在不仅要受到中央教育行政部门的控制，同时还要顾及其他利益相关方，如家长、各政府机构和社区的要求。校长们普遍对肩负责任的增加感到忧虑，担心无法满足对自己的所有期待，尤其是在改进办学质量方面。

总体来说，校长们觉得自己的角色仍然与传统上的一样，他们只是发挥上传下达的作用，确保上一级做出的决定得到实施。此外，校长们还认为，每月召开的校长理事会会议虽然能增进不同学校之间的相互了解，加强彼此的合作，但在理事会上讨论的通常是各学校面临的共性问题，而某个学校面临的特殊问题往往得不到讨论。校长们建议应该把更多的权力下放到学校层面，例如教职工招聘工作就应该交给学院和学校负责，因为学校的直接管理者更了解本校的需求，由他们自己来负责招聘教职工更有利于学校的发展和办学质量的提高。

而在受访教师层面，他们对于改革的进展也不满意。教师们认为，目前的教育治理体系仍然是自上而下的，改革也并没有在多大程度上加强同事间的合作或各学校之间治理的共享。虽然学院制改革的重要目标之一是实现校内和跨校合作，但实际的情况是教师们并没有多少时间一起工作或者开展合作。此外，教师们还认为，学校校长对学校的影响力过大，目前的治理架构通常并不能真正地将教师包括在内。

从访谈结果来看，总体说来，政策制定者和学院院长支持自上而下的教育行政集权式管理制度，而校长和教师们普遍感觉新的教育体系并没有赋予他们足够的自主权和参与度。可以看出，旨在促进教育行政管理从集权转向分权的改革愿望是良好的，但在实施了学院制后，在中央教育行政部门和学校之间增加了一个管理层级，而学校却并没有通过新的治理架构得到足够的自主权，这种情况是不符合2006年《教育法修正案》精神的。

问题的症结在于中央政府并不太愿意放权，因此仍然维持着与学院之间非常明确的等级管理关系，许多学院院长认为自己的主要责任就是把中央教育行政部门的指令传达给学校校长们。与此同时，各校校长和各学校关心的具体问题又未能在学院层面得到充分处理，校长们也没有解决这些问题所需的足够的自主决策权，所以普遍感觉改革后他们的压力比以前更大，责任更多。对教师来说，这种高度等级化的管理模式使他们很难在与自身工作相关的问题上行使话语权。

在克里斯托弗·贝钦纳于2019年开展的另一项后续研究中，他发现马耳他教育体系中的分权和自治改革只是部分地实现了目标。马耳他的学院和学校的领导们仍然必须得在由中央集权控制的教育行政体系和分权式的制度管理体系之间寻找平衡。[1] 受访的学校校长和教师们认为中央教育行政部门应该在学院和学校层面创建更加民主的体系，而政策制定者和中央政府工作人员则认为问题不是从集权到分权体系的转变，而是在马耳他的国情背景下，有必要在集权式和分权式教育治理结构之间找到平衡。

四、改革的未来方向

从现状来看，通过学院制改革实现教育行政领域分权的目标并没有完全实现。研究者认为需要从以下几个方面进一步推进改革进程，以推动马耳他教育行政从中央集权管理模式向分权模式转型。

首先，需要让更多利益相关方，如家长、民间社会团体等加入分权制改革进程，更广泛的参与可以降低中央直接控制的程度，也可以确保在教

---

[1] BEZZINA C. Engaging with centralized policy initiatives: the Malta experience[J]. Journal of educational administration and history, 2019, 51(4): 369-380.

育体系中有足够的制衡。随着更多利益相关方的参与，教育体系中的影响因素将更加广泛多元，这有助于分散集权。

其次，需要在集权和分权之间找到平衡。由于马耳他的教育体系在传统上是以中央集权管理模式为主导的，因此教育行政管理模式的转变不仅是制度的改变，更需要各利益相关方改变其思维方式。然而，思维方式的改变需要更长的时间和过程。因此在现阶段，为使改革进程取得实质性的进展，必须要在集权和分权模式之间找到让各利益相关方都可以接受的平衡点。

最后，需要充分发挥学院和学校层面的领导力，一方面应建立和维系领导层之间的合作关系，另一方面应与教师建立信任关系。同时，领导层还应具有明确的愿景，致力于建设团队文化，保持合作，改变教职工的思维方式，以期推动改革目标的实现。

总而言之，自 2005 年启动的学院制改革是马耳他教育行政管理模式从中央集权向分权转型的良好契机。但是，由于历史传统的影响，也由于各利益相关方之间的观念差异，这场轰轰烈烈的教育改革并未能完全达到其最初的目标。马耳他教育体系中的各利益相关方都有责任参与和推动分权制改革进程，以提高学校的办学质量，满足马耳他社会和经济发展对人才的需求。

第十二章 中马教育交流

第一节 交流现状、模式与原则

一、交流现状

中马双方高层的频繁交往为两国在教育领域的交流合作指明了方向，而马耳他对"一带一路"倡议的积极参与则为两国在"一带一路"倡议框架下的教育交流合作奠定了良好基础。自建交以来，两国在教育领域签署了一系列协议，开展了多元化的交流，取得了丰硕的合作成果。中国自1973年开始向马耳他派遣留学生，据不完全统计，2015年在马耳他就读各类学校的中国留学生有1 200多人，其中在马耳他大学学习的中国留学生有280多人，是该校最大的外国留学生群体。[1] 由于疫情影响，近几年赴马留学的人数有所减少，但目前仍有约200多名中国留学生在马耳他大学和马耳他旅游学院就读。

中方每年向马方提供1—2名全额奖学金留学名额，马耳他大学地中海外交关系学院和国际海洋法学院则向中方提供2—3个奖学金名额。2009年

---

[1] 蔡雅洁. 马耳他[M]. 北京：社会科学文献出版社，2018：416.

2月，国家副主席习近平访问马耳他时签署了《中国孔子学院总部与马耳他大学关于合作设立马耳他大学孔子学院的协定》。2011年10月，马耳他大学孔子学院正式揭牌。2013年，马耳他教育部部长巴尔托洛率团访华，两国教育部部长共同签署两国高等教育学历学位认证协议。巴尔托洛部长在签约后指出，这项协议的签署是中国与马耳他教育史上的里程碑，必将促进中国和马耳他学生之间的流动，同时会吸引更多寻求海外高等教育的中国学生到马耳他学习。

中马双方近年来在中医药人才培养方面的合作也结出了累累硕果。2015年，上海中医药大学同马耳他大学合作建立中医诊疗中心并开设"中医和中国文化"硕士课程，成为欧洲中医药人才的重要教育基地。2021年12月，中国江苏医药职业学院与马耳他人文科技学院举行了"马耳他境外办学点"线上签约仪式，这次签约在迪拜世博会教育峰会上全球直播。江苏医药职业学院将结合马耳他当地职业技能人才培养的需求，提供一流师资，输出优质课程，全力传播中医药文化，建设高质量的境外办学点。

2012年，孔子学院开设了汉语本科课程，并成功在马耳他中小学开设汉语课，这是汉语第一次出现在马耳他中小学课堂。最初将汉语课设置为外语选修课的是私立学校。2016年，马耳他教育部成立了汉语教学小组。2017年9月，马耳他教育部将汉语纳入马耳他公立中学教学体系，颁布了汉语教学大纲，汉语考试被纳入马耳他中学毕业统考，这标志着马耳他汉语教学与中国文化推广迎来了新机遇。圣玛格丽特中学是马耳他第一所正式开设汉语课的公立学校。2017年9月，汉语作为外语被正式纳入该校外语课程，学生可选择汉语作为第二语言。

2019年，马耳他中文学校在马耳他知名景点——位于桑塔露西亚市的中国古典园林"静园"正式成立。学校由马耳他华联会与马耳他大学孔子学院、桑塔露西亚市联合筹办。桑塔露西亚市副市长弗雷德里克·丘塔亚尔任中文学校名誉校长。中国驻马耳他大使姜江和马耳他教育部副部长格里马出席了成立仪式。成立中文学校的主要目的是为了给马耳他的华侨子女和马耳他民众创造一个良好的中文教育环境和学习汉语和中国文化的平台。

目前，马耳他大学设有汉语本科课程和汉语专科课程，由孔子学院开设，已纳入马耳他大学的学分课程体系，由马耳他大学授予学位。此外，孔子学院还面向全校学生开设多门汉语选修课。孔子学院目前有6个马耳他中小学教学点，并与马耳他中国文化中心、马耳他最大的中资企业上海电力、马耳他中文学校建立起伙伴关系，为其汉语教学提供师资。目前汉语教学已经进入马耳他的小学、中学和高等教育。

2010年，北京外国语大学完成教育部普通高等学校马耳他语专业申报，正式开始马耳他语专业建设工作，2013年首次开设马耳他语三外通选课程，面向全校学生讲授马耳他语言文化。2017年，北外在欧语学院开设马耳他语专业。为发展马耳他语专业师资，北外还派遣教师赴马耳他大学访学，学习马耳他的语言和文化。马耳他驻华大使曾数次访问北外，并表示将大力支持北外的马耳他语专业建设。

2022年，恰逢中马建交50周年，双方在各方面的交往都达到了新的高度，尤其是在教育领域。

2022年7月，圣玛格丽特中学"中国角"师生致信习近平主席，表达对中国文化的喜爱，并援引《礼记》的"圣人耐以天下为一家"，积极赞赏中国提出的构建人类命运共同体理念和"一带一路"倡议，祝福马中建交50周年。致信还介绍了"中国角"开展的丰富多彩的活动，以及为促进多元文化理解、增进中马友谊做出的积极努力，表示愿为马中文化交流多做贡献。

圣玛格丽特中学位于马耳他古城科斯皮夸市，是当地一所综合性公立学校，学校科学教师马丁·阿佐帕迪于2010年在中方支持下创办科学"中国角"，旨在向当地学生介绍中国文化和科技知识，增强学生对多元文化的理解。"中国角"得到马耳他政府、中国驻马耳他使馆以及马耳他中国文化中心等机构的积极支持，近年来为学生提供了茶道、书法、中医等中国文化讲座，举办了各类中国科技文化工作坊和体验活动，内容涉及中国陶瓷器、青铜器、造纸术、丝织工艺等传统科技文化，以及中国高铁、机器人、传感技术等当代科技成就，深受学生喜爱。"中国角"创立逾10年，对于加强中马文化理解、增进人文交流和人民友谊发挥了积极作用。

2022年8月9日，习近平主席复信马耳他圣玛格丽特中学"中国角"师生，鼓励马耳他青少年积极参与中马人文交流。习近平在复信中指出，在中马双方共同努力下，圣玛格丽特中学"中国角"为增进马耳他青少年对中国的了解、促进中马友好发挥了积极作用。希望"中国角"越办越好，欢迎师生们来华交流学习。习近平指出，天下大同、协和万邦是中华民族自古以来对人类社会的美好憧憬，也是构建人类命运共同体理念蕴含的文化渊源。我们生活的世界历史和现实交织、希望和挑战并存，人类命运休戚与共，唯有守望相助、合作共赢才能让人类共享发展成果。为破解全球发展难题、应对国际安全挑战，中国先后提出"一带一路"倡议、全球发展倡议、全球安全倡议，广泛凝聚共识、汇聚力量，以实际行动践行人类命运共同体理念。[1]

习近平主席的复信将中马两国的教育人文交流推向了新的高度，在马耳他教育界和文化界引发了热烈反响。圣玛格丽特中学"中国角"创办人阿佐帕迪在收到习近平主席复信后，第一时间向友人发邮件，迫不及待地分享自己的喜悦，他写道："真没想到习近平主席会在百忙之中抽出时间读信并亲自给我们回信，老师和学生们都非常激动！我要将这封信作为一份珍贵的礼物，收藏在学校的历史档案里。我在家里也要保存一份……从回信中，我真切感受到中国领导人的谦逊和博大胸怀！中国文化有着独特

---

[1] 新华网. 习近平复信马耳他中学"中国角"师生 [EB/OL].（2022-08-09）[2022-12-01]. https://baijiahao.baidu.com/s?id=1740673826524461999&wfr=spider&for=pc.

魅力，中国在科学技术领域成绩斐然，我们的学生都为此着迷……我十分钦佩习近平主席的远见卓识和天下情怀。团结就是真正的强大！国家之间要凝聚共识，在不同中寻找共同。我们需要更多地去建造沟通之桥，打破隔阂。分享彼此的文化和历史，有助于增进国家之间的交流与合作，减少摩擦与冲突，无论是在和平年代还是危机时刻，这对于促进和平发展和共同繁荣都很重要……文化和教育交流可以扩大青年人的认知。今天，马耳他学生和中国学生不断加深相互了解，有助于增进两国友谊。世界也是如此，了解加深了，关系走近了，国家之间的关系与合作就会更密切和顺畅。"[1]

马中友好协会主席雷诺·卡莱亚表示，多年来，圣玛格丽特中学培养了一批又一批了解和热爱中国的年轻人，为增进两国民间交往和友谊做出了积极贡献。习近平主席复信马耳他中学"中国角"师生，让大家充分感受到习近平主席的平易近人和对两国关系的高度重视。

中国驻马耳他大使于敦海表示，在中马建交50周年之际，马耳他圣玛格丽特中学"中国角"师生致信习近平主席，习近平主席热情复信，成就了两国友谊一段新的佳话。他希望，"中国角"师生不负习近平主席的殷切嘱托，促进两国文明互鉴，传承两国人民友好，为中马友谊增添新的活力。

在习近平主席给"中国角"师生复信后不久的8月18日，马耳他教育部部长格里马接受了新华社记者的专访。在专访中，格里马表示，马耳他和中国建交50年来友好关系不断发展，期待两国未来进一步加强人文交流与合作。格里马指出，建交50年来，马中两国友谊历久弥坚、历久弥新。马耳他圣玛格丽特中学的"中国角"为增进马耳他青年对中国的了解、促进马中友谊做出了积极贡献，也是两国友好关系的重要例证。马中两国建

---

[1] 人民网. 做文明互鉴的促进者和人民友好的传承者 [EB/OL]. (2022-08-14) [2023-04-01]. https://baijiahao.baidu.com/s?id=1741083273469912214&wfr=spider&for=pc.

交以来，双方在人文领域的合作成果丰硕，如在马耳他设立中国文化中心和孔子学院，以及两国青年代表团定期互访等。格里马称赞马耳他中国文化中心在促进两国关系发展中发挥的重要作用。他说，该中心已成为两国人民增进友谊的桥梁，拉近了两国人民间的距离，丰富了双边文化交流。他表示，马中两国在人文领域保持着密切交流互鉴，充分体现两国间的合作活力和相互尊重，也证明幅员差异和地域距离不会成为两国合作的障碍。马中两国虽然相距遥远，但都有着丰富的历史、独特的语言和文化传统，这些都是增进友谊的重要因素，人文交流进一步加强了两国业已牢固的关系，加深了彼此友谊。在谈及未来两国的人文交流前景时，格里马表示，看到两国越来越多的学生开展交流感到十分满意，将继续努力加以支持和推动。格里马认为，加强合作让两国人民受益，必须坚持不懈地鼓励和推动双边人文交流与合作。他指出，"我们共住一个地球村，我们可以也愿意携手共进，不断取得合作成果。"[1]

无论是习近平主席的复信，还是格里马部长的专访，都充分体现了两国政府对中马教育人文交流的历史成就的肯定和对未来前景的看好，为中马两国在现有基础上继续深入开展教育合作与交流注入了新的和更大的信心。

2022年，中马双方的教育交流还有其他一些新的进展。1月19日，马耳他美国大学中国办公室在上海揭牌成立。在成立仪式上，马耳他美国大学与华东师范大学签署了国际教育合作协议，两校将共同举办汉语及中国文化双学位项目。马耳他美国大学还与上海银楷教育集团签署了战略合作协议，为中国学生提供更好的留学申请服务。6月23日，嘉兴职业技术学院与马耳他人文科技学院举行了中马合作对接在线会议，双方校长均表示期待在合作办学、师资培训和访学、学生交流互换方面开展合作，共同推

---

[1] 中华人民共和国国务院新闻办公室. 马耳他教育部长格里马：期待马中两国进一步加强人文交流与合作[EB/OL].（2022-08-18）[2022-12-01]. http://www.scio.gov.cn/37259/Document/1728833/1728833.htm.

动两校的国际化发展，携手为两国区域经济社会高质量发展服务。双方就主要合作方向及签订合作备忘录事宜达成了初步共识。在 7 月 29—30 日于北京举行的全球未来科技创新合作大会上，马耳他教育部部长格里马发表了视频演讲。

二、交流模式与原则

中马建交 50 多年以来，两国的教育人文交流在两国领导人的关心和推动下取得了丰硕的成果，也形成了可持续发展的教育交流与合作模式。由双方高层启动和支持的教育人文交流在两国民间也凝聚了广泛共识。马耳他以其"四位一体"的特殊身份和国际化的优质教育体系吸引了不少中国留学生赴马留学，而中国的传统文化，如中医药文化也深受马耳他政府和大众的欢迎，马耳他的中医药人才培养已经起步，在马耳他这样一个重视职业技能的经济体中，中医药专业技术培养项目将会增加相关领域人才的市场竞争力，对帮助马耳他政府解决十分关心的职业人才培养问题将做出一定的贡献。随着中马两国教育领域合作与交流的日益增加，也有越来越多的马耳他师生利用中马两国政府或欧盟提供的机会，来中国学习、访学和授课。中马教育合作一方面得益于两国政治、经贸等方面的交往，另一方面也为两国其他领域的深入交流提供了智力和人才支持。

当然，由于中马两国国情不同，教育体制在许多具体方面也存在较大的差异，在进一步的合作中，双方应秉持相互尊重、互学互鉴的基本原则，从实际出发，携手并进，共同推动两国教育合作与交流。相信随着两国交往的日益密切以及"一带一路"倡议的深入实施，中国与马耳他两国间的教育合作与交流必将继续扩大与深化，推动两国教育水平不断提高，为两国人民带来更大的教育红利。

第二节 案例与思考

一、马耳他中国文化中心

中马两国的教育交流与合作在过去半个多世纪始终保持了积极的势头。在两国文化教育领域的交流史上，马耳他中国文化中心的建立对加强中马文化教育交流发挥了重要作用。

2001年7月中国国家主席江泽民访问马耳他期间，与马领导人共同倡议设立马耳他中国文化中心。马耳他中国文化中心根据《中华人民共和国政府与马耳他政府关于设立文化中心的谅解备忘录》设立，这是中国在欧洲设立的第一个文化中心，也是中国当时设在海外的第五个中国文化中心。

2003年9月19日，马耳他中国文化中心举行揭牌仪式，马耳他总统德马科、青年和艺术部部长杰斯蒙德·姆利耶特和中国文化部副部长孟晓驷共同见证了中心的揭牌。中心坐落在马耳他首都瓦莱塔梅丽塔街173号一座有着百年历史的古老建筑中，建有图书馆、艺术展厅、语言训练室、舞蹈工作室、多功能会议厅和多个语音教室。

马耳他中国文化中心是中国政府在马耳他的常驻非营利性文化机构，旨在通过举办文化、教育和人文交流活动增进马耳他民众对中国文化、艺术的了解。中心的使命是增进和培养对中国文化艺术的鉴赏能力，推广汉语和中国文化以及增进中马之间的相互理解和友谊。

中心定期举办节庆、演出、展览、讲座、研讨会及电影放映等活动，开办汉语班、武术班、各类民间艺术兴趣班等各种教学培训活动，吸引了大量喜爱中国文化的马耳他民众。中心还邀请中国国内著名艺术团体赴马表演，为马耳他民众奉上精彩的器乐、声乐、舞蹈、魔术、木偶、武术和杂技表演。

中心组织的各项文化活动取得了积极成果，吸引了马耳他政府首脑和官员、各界名流和普通百姓积极参加，为促进中马民心相通和两国文化交流做出了重要贡献，中心的工作还受到马耳他总统的高度赞扬。中心每年都会组织"欢乐春节"活动，其间中国艺术家表演传统歌舞、演奏民乐，瓦莱塔的共和国大街上会挂起一排排大红灯笼，人们身着中国民族服装，在欢快的中国民族音乐中，沿着主要街道散发"福"字，共同欢度春节。该活动受到马耳他各界人士的热烈欢迎。

汉语培训是马耳他中国文化中心在教育领域的主要职能。2004年9月，中心开设了马耳他的首个汉语培训班，从此便承担起汉语教育和推广的任务。一开始的汉语培训班仅为兴趣教学，重视语言教学和文化体验相结合，学员大多数为与文化中心有工作交流的政府官员，属于小范围内的汉语教学，每年只招生一次，招生人数并不多，而且学院的续课率低。当时马耳他的汉语教学还未成规模，中心的汉语课程属于"补习班"的性质，学习者希望通过学习汉语了解中国文化。2009年马耳他大学孔子学院成立后，汉语教学推广的重任交给了孔子学院，中心也一直与孔子学院保持紧密合作。2017年6月，中心与孔子学院签署了《马耳他大学孔子学院与马耳他中国文化中心关于开展文化推广合作的协议》，开始机制化合作，共享师资资源，针对12岁及以上的学员推出初级、初中级、中级、中高级、高级汉语水平考试（HSK）培训课程，每年10月开班，次年6月结业。各等级课程每周一次，每次1.5个小时，共计30次。2019年，中心开设了儿童汉语阅读班，还与马耳他人文科技学院合作开设实用艺术汉语课程。此外，中心还定期开设一些短期培训班，如中国书法、中国书画、武术太极、传统乐器、围棋、手工艺、民族舞等培训班，让学习中国文化在当地触手可及。

2020年发生新冠肺炎疫情以来，中心第一时间调整教学模式，所有汉语培训课程从线下转到线上，受到学员的充分肯定。

2021年，中心应马耳他韦达拉国际学校邀请，探索在该校提供文化和兴趣类汉语培训课程。

二、问题与对策

在马耳他设立中国文化中心是中国文化主动"走出去"的一部分。在中心建立前，中马两国已经开展了良好的人文教育交流，但是中心的建立为这种交流提供了一个重要抓手，成为两国交流合作的平台和桥梁。马耳他中国文化中心在马耳他组织各种文化活动和教育培训，一方面是让马耳他民众更多地了解中国文化和语言，另一方面帮助马耳他人学习汉语和相关技能，进而提升他们的职业能力。但是中心在汉语教学和中国文化推广方面也存在一些实际的问题。

首先，中心汉语课程的课时不足，每周只有两课时，共1.5小时，不能满足学习者的需求，中心的学生大多数是从零开始学习中文，每周一次的汉语课几乎是他们学习汉语的全部时间。课时不足且课程周期长，使得学习效果并不令人满意。一些学生还对学习汉语产生畏惧感，丧失信心，甚至产生抵触情绪。其次，在汉语教师方面，中方汉语教师普遍比较年轻，教学经验不够丰富，跨文化交际能力有待提高。马耳他兼职汉语教师多为母语为汉语的中国人，但他们缺乏专业知识和汉语教学经验，教学技能和课堂管理能力有待加强。中方教师和外方教师都存在流动性较大的问题。马耳他本土汉语师资也严重匮乏，目前只有两名本土教师，也没有开设本土汉语教师培训课程。最后，在文化推广方面，活动地点比较局限，参与者仍不够广泛。比如戈佐岛是马耳他著名的旅游景点，但是因为地理位置的原因，至今没有举办过中国文化活动。戈佐岛的居民甚至不知道马耳他有中国文化中心和孔子学院。即便是马耳他岛的居民也有不少人对两者并不了解。[1]

由此可见，尽管中马文化教育交流已经取得了令人瞩目的成果，但是

---

[1] 张玉娇. 马耳他汉语教学现状调查报告 [D]. 厦门：厦门大学，2019：80-83.

从未来的发展来看，要进一步推动两国文化教育领域的交流合作，还有赖于双方携手努力。一方面，中心在马耳他应继续扩大汉语和中国文化的影响广度和深度，让更多的马耳他人学习汉语，了解中国文化，进而以汉语为工具，提高职业技能，增强就业能力。同时，培养马耳他本土汉语师资才是更好地推广汉语教学的一条长久之计，因为相较中方派遣的教师，本土教师在稳定性、语言、对马耳他国情的了解以及处理与马方同事的人际关系方面更有优势。此外，新冠肺炎疫情的发生也更加说明培养本土师资的重要性。随着技术的发展，可以开展网络远程教育培训，减少人力与物力成本，保证本土教师培养的常规化。随着越来越多的中资企业在马耳他开设公司，中心还可以打造更为丰富的校企合作特色课程。与企业合作设计和提供特色汉语课程，既能实现培养马耳他汉语人才的目的，又能满足企业对专门性人才的需求，可谓一举两得。同时，中心还应加强自我宣传和对外合作，将汉语文化活动与当地的社会文化活动相结合，走进当地社区，让更多的马耳他民众参与到文化活动体验中，扩大中心的知名度和影响力。另一方面，在中国国内也应加强马耳他语和马耳他文化的教学和推广，增进中国民众对马耳他这个具有 7 000 年文明历史的地中海岛国的了解和喜爱。

中马两国自建交以来一直保持着良好的高层和民间交往势头。在教育人文领域，两国的交往日益频繁。2022 年是中马建交 50 周年，习近平主席给圣玛格丽特"中国角"师生的复信将教育交流推向了高潮。面向未来，两国将继续加强教育合作，增进两国人民之间的相互理解和欣赏，并肩迈入中马高质量教育合作新阶段。

结　语

　　地处地中海心脏位置的马耳他，虽然面积很小，但自古以来却是兵家必争之地。由于马耳他群岛的战略地位特殊，在历史上曾被来自欧亚大陆的不同势力统治过，因此形成了融汇欧亚非三大洲特色的马耳他文化。马耳他是英联邦成员，近年来又先后加入了欧盟、欧元区和申根区，是欧洲唯一的"四位一体"的国家，在法律法规、税务、资金结算等方面拥有独特优势。马耳他的教育质量位于全球前列，吸引了多国留学生，包括中国留学生前往留学。

　　马耳他政府近年来在教育领域投入了大量精力，进行了大量投资，不断提升各级各类教育机构的教育质量。本书对马耳他在学前教育、基础教育、高等教育、职业教育、成人教育、教师教育等领域的现状介绍、经验总结和挑战描述，不仅有助于读者了解马耳他的文化教育发展状况，而且可以为我国的教育改革和教育国际化提供可资借鉴的经验。

　　马耳他政府近年来在教育领域开展了全面的改革，制定了一系列新的政策与规划文件，覆盖了各级各类教育机构。在学前教育领域制定了最新的国家标准，规范了儿童教保育的实践，提升了学前教育教师的职业声誉。在基础教育阶段，制定了《国家课程框架》和《学习成果框架》，对基础教育各个阶段的教学目标、内容和成果进行了详尽描述，并且对不同阶段的衔接做出了详细说明。同时，还开展了"学院制"改革，打通同一学区不同学校之间的隔阂，以实现多校合作、资源共享的目标。在职业教育领域，通过《马耳他资格框架》的制定与实施，使职业教育融入了国家高等教育体系，使"双轨制"更具实质意义。在成人教育领域，先后制定了两份终身学习教育的文件，积极倡导和推动马耳他人接受终身学习的理念。在高等教育领域，积极对标国际最佳实践，加入了"博洛尼亚进程"，并且采用了符合欧洲学分转换系统的评价体系。

与此同时，马耳他政府还根据教育实践发展中不断变化的需求，对国家教育行政主管机构——教育部及其下设部门结构和职能进行适时调整，以保障教育领域政策与规划的顺利实施，并且实现预期效果。马耳他政府重视教育国际化，特别是在加入欧盟之后，一直对标欧盟制定的各种标准，奋起直追，在多个领域接近或达到了欧盟设定的发展目标。近年来，马耳他的国际移民不断增加，在马接受各级各类教育的外国人越来越多，这也是马耳他政府致力于提供国际化教育的重要动因。

然而，也必须看到，马耳他在教育领域仍然面临着不少挑战，例如，基础教育阶段早期离校率较高、成人参与终身学习人数不足、"学院制"改革及《马耳他资格框架》实施面临一系列挑战等。这些问题是改革与发展过程中的问题，也是马耳他教育行政主管机构必须应对的挑战。尽管马耳他政府在政策和规划实施方面制定了一系列的保障措施，但从执行情况来看，要成功地实现政策目标，还需要更加细致入微的努力。

面对挑战和问题，马耳他政府目前采取的是长期规划与专门性规划相结合的解决方式。政府制定了《马耳他教育战略框架（2014—2024年）》和《终身学习国家战略（2020—2030年）》等长期性规划，同时在这些宏观规划的指引下，针对具体教育领域的具体问题制定具体规划。在学前教育阶段，针对马耳他劳动力市场的变化，为了让更多的女性进入职场，制定了新的儿童教保育标准，并且在公立托儿机构提供夜间保育服务，解决了职场人士对婴幼儿照护的实际困难。在基础教育阶段，为解决早期离校率高的问题，制定了《预防早期离校战略规划》，提出了预防、干预和补偿三大战略原则，致力于解决困扰马耳他教育部门多年的早期离校率高的问题。在职业教育方面，马耳他政府开展了一系列提升职业教育质量和打通职业教育和普通教育的举措。例如，从 2018 年起，在中学阶段的选修课中加入职业教育课程，使得学生更早地接触职业教育，帮助他们毕业时在普通教育和职业教育之间做出更符合自身目标和实际的抉择。在高等教育方面，马耳他政府也致力于提升教育质量，对高等教育的监督和评价机构进行了重组和改革，成立了延续和高等教育署，以便更有效地保障高等教育的质量。在成人教育方面，马耳他政府致力于增加接受终身教育的人数，并且创造各种有利条件方便成人参与学习，如马耳他教育部的终身学习处专门建立了多个成人学习中心，提供灵活的学习和培训方式。在新冠肺炎疫情期间，马耳他政府根据现实情况，及时调整授课方式，提供了大量的线上课程，有效地增加了成人教育的参与人数。马耳他政府对教师教育也给予了相当程度的重视。近几年来相继在马耳他大学、马耳他人文科技学院等开设了教育硕士专业，同时还于 2015 年创建了教育学院，专门致力于教师培养工作。除此之外，马耳他政府还建立了教师岗中培训体系，以加大对在职教师的培训力度。

从马耳他政府近年来实施的教育改革及其成果来看，为使教育政策和规划真正落地生根，必须要制定相应的实施保障方案。马耳他政府在推动宏观教育政策和规划方面常常采取制定专门政策和设立专门机构以保障其顺利实施的举措，这一点值得借鉴。

1972 年，中华人民共和国政府与马耳他政府正式建立了外交关系。自那时起，两国高层互访频繁，文化教育领域的交流合作也有长足发展。2003 年，马耳他中国文化中心成立；2017 年，马耳他大学孔子学院正式揭牌，同年中文被纳入马耳他国民教育体系，圣玛格丽特中学是第一个将中文作为选修课的学校，标志着中马文化教育合作进入了新的阶段。中马两国在中医药人才方面的合作也在蓬勃发展，2015 年上海中医药大学与马耳他大学合作建立"中国-马耳他中医中心",2021 年江苏医药职业学院与马耳他人文科技学院签约建设境外办学点。2022 年 11 月,马耳他语版的《论语》在马耳他出版。事实上,中马两国早在 2013 年就已签订高等教育学历学位互认协议,这充分证明两国对彼此高等教育质量的信任与肯定。因此,中马两国完全可以在目前良好的教育合作基础上进一步拓展学前教育、基础教育和职业教育等领域的合作,双方在这些领域都有一些经验值得彼此学习和借鉴。除了政府层面牵头开展的合作,两国还应加强人文交流,目前在"伊拉斯谟+"计划的支持下,两国高等教育领域的部分师生已经开始了互访交流,今后应创造更多条件,促进两国人民在更多领域和高深层次的交流,加强两国的民心相通。

2022 年 8 月,马耳他圣玛格丽特中学"中国角"师生致信习近平主席,习主席亲自回信,将两国的教育文化交流推向了高潮。恰如习近平主席在回信中所言:"我们生活的世界历史和现实交织、希望和挑战并存,人类命运休戚与共,唯有守望相助、合作共赢才能让人类共享发展成果。"相信在中马两国领导人的共同推动下,在"共商、共建、共享"的"一带一路"建设原则指引下,中国与马耳他之间的教育合作必将迎来蓬勃发展的明天。我们期待中国和马耳他的文化交流与教育合作再创新的华彩篇章。

参考文献

一、中文文献

蔡雅洁. 马耳他 [M]. 北京：社会科学文献出版社，2018.

陈逢华，靳乔. 阿尔巴尼亚文化教育研究 [M]. 北京：外语教学与研究出版社，2021.

董丹，张媛，邢建军. 意大利文化教育研究 [M]. 北京：外语教学与研究出版社，2022.

冯增俊，陈时见，项贤明. 当代比较教育学 [M]. 2 版. 北京：人民教育出版社，2015.

顾明远. 顾明远教育演讲录 [M]. 北京：人民教育出版社，2014.

贺国庆，朱文富，等. 外国职业教育通史 [M]. 北京：人民教育出版社，2014.

李丛，张方方. 葡萄牙文化教育研究 [M]. 北京：外语教学与研究出版社，2023.

刘捷. 教育的追问与求索 [M]. 北京：人民出版社，2021.

刘捷. 专业化：挑战 21 世纪的教师 [M]. 北京：教育科学出版社，2002.

刘进，张志强，孔繁盛. "一带一路"高等教育研究（2019）：国际化展望

[M]．北京：北京理工大学出版社，2020．

卢晓中．比较教育学 [M]．北京：人民教育出版社，2020．

陆有铨．教育的哲思与审视 [M]．北京：人民教育出版社，2016．

钱跃君．马耳他：地中海上的欧洲骑士之岛 [M]．北京：社会科学文献出版社，2013．

秦惠民，王名扬．高等教育与家庭流动 [M]．北京：科学出版社，2019．

秦惠民．教育法治与大学治理 [M]．北京：人民出版社，2021．

任钟印．东西方教育的覃思 [M]．北京：人民教育出版社，2017．

石筠弢．学前教育课程论 [M]．2 版．北京：北京师范大学出版社，2014．

孙有中．跨文化研究论丛 [M]．北京：外语教学与研究出版社，2019．

滕大春．教育史研究与教育规律探索 [M]．北京：人民教育出版社，2019．

王承绪，顾明远．比较教育 [M]．5 版．北京：人民教育出版社，2015．

王定华，秦惠民．北外教育评论：第 2 辑 [M]．北京：外语教学与研究出版社，2021．

王定华，杨丹．人类命运的回响——中国共产党外语教育 100 年 [M]．北京：外语教学与研究出版社，2021．

王定华．教育路上行与思 [M]．北京：人民出版社，2020．

王定华．美国高等教育：观察与研究 [M]．2 版．北京：人民教育出版社，2021．

王定华．美国基础教育：观察与研究 [M]．2 版．北京：人民教育出版社，2021．

王定华．新时代高品质学校建设方略 [M]．长春：东北师范大学出版社，2019．

王定华．中国基础教育：观察与研究 [M]．北京：人民教育出版社，2021．

王定华．中国教师教育：观察与研究 [M]．北京：人民教育出版社，2020．

王名扬．美国公立研究型大学内部质量改进的实证研究 [M]．北京：中国社会科学出版社，2020．

吴式颖，李明德．外国教育史教程[M]．3版．北京：人民教育出版社，2015．

习近平．论坚持推动构建人类命运共同体[M]．北京：中央文献出版社，2018．

习近平．习近平谈"一带一路"[M]．北京：中央文献出版社，2018．

谢维和．我的教育觉悟[M]．北京：人民教育出版社，2016．

杨汉清．比较教育学[M]．3版．北京：人民教育出版社，2015．

杨鲁新，王乐凡．北马其顿文化教育研究[M]．北京：外语教学与研究出版社，2021．

苑大勇．国际高等教育协同创新与人才培养比较研究[M]．北京：知识产权出版社，2020．

张弘，陈春侠．乌克兰文化教育研究[M]．北京：外语教学与研究出版社，2021．

赵桥梁，李国红．马耳他：地中海的璀璨明珠[M]．北京：社会科学文献出版社，2018．

郑通涛，方环海，陈荣岚．"一带一路"视角下的教育发展研究[M]．广州：世界图书出版广东有限公司，2017．

二、外文文献

CEDEFOP. Vocational education and training in Malta: short description[M]. Luxembourg: Publications Office of the European Union, 2017.

European Commission. Education and training monitor 2019: Malta[M]. Luxembourg: Publications Office of the European Union, 2019.

European Commission. Education and training monitor 2020: Malta[M]. Luxembourg: Publications Office of the European Union, 2020.

European Commission. Education and training monitor 2021: Malta[M]. Luxembourg: Publications Office of the European Union, 2021.

KARRAS K G, WOLHUTER C C. International handbook of teacher education[M]. Rev. ed. Nicosia: HM Studies & Publishing, 2019.

Ministry for Education and Employment of Malta. A national curriculum framework for all[M]. Valletta: Ministry for Education and Employment of Malta, 2012.

Ministry for Education and Employment of Malta. Malta national lifelong learning strategy 2020[M]. Valletta: Ministry for Education and Employment of Malta, 2015.

Ministry for Education of Malta. National standards for early childhood education and care services (0—3 years)[M]. Valletta: Ministry for Education of Malta, 2022.

Ministry for Education of Malta. National strategy for lifelong learning 2020—2030[M]. Valletta: Ministry for Education of Malta, 2021.

National Commission for Higher Education of Malta. NCHE further and higher education statistics survey 2010[M]. Valletta: National Commission for Higher Education of Malta, 2011.

SULTANA R G, SAMMUT J M. Careers education and guidance in Malta: issues and challenges[M]. San Gwann: Publishers Enterprises Group (PEG) Ltd, 1997.

TEIXEIRA P, SHIN J. Encyclopedia of international higher education systems and institutions[M]. Dordrecht: Springer Netherlands, 2018.

WILSON A L, HAYES E. Handbook of adult and continuing education[M]. Lanham, MD: John Wiley & Sons, 2009.